Otros libros de la autora en español

JONI

EL DIOS QUE YO AMO

CUANDO DIOS PARECE INJUSTO

EL CIELO: TU VERDADERO HOGAR

La *práctica* de la presencia de *Jesús*

*Meditaciones diarias para
acercarnos a nuestro Salvador*

JONI EARECKSON TADA
con JOHN SLOAN

Título original: *The Practice of the Presence of Jesús
Daily Meditations on the Nearness of Our Savior*

Primera edición: junio de 2025
Esta edición es publicada bajo acuerdo con
Multnomah, un sello de Random House,
una división de Penguin Random House LLC.
Todos los derechos reservados.

Copyright © 2023, Joni Eareckson Tada
Copyright © 2025, Penguin Random House Grupo Editorial USA, LLC
8950 SW 74th Court, Suite 2010
Miami, FL 33156

A menos que se indique lo contrario, las citas de las Escrituras están tomadas
de la Santa Biblia, Nueva Versión Internacional®, NIV®.
Copyright ©1973, 1978, 1984, 2011 por Biblica, Inc.®
Usado con permiso de Zondervan. Todos los derechos reservados en todo el mundo.
www.zondervan.com. La "NVI" y la "Nueva Versión Internacional" son marcas registradas
en la Oficina de Patentes y Marcas de los Estados Unidos por Biblica, Inc.® Se han usado
también la Nueva Biblia de las Américas, NBLA®; Nueva Traducción Viviente, NTV®;
Reina Valera, en sus versiones RVR60® y RVA-2015®.

Penguin Random House Grupo Editorial apoya la protección de los derechos de autor.
Los derechos de autor estimulan la creatividad, fomentan la diversidad de voces, promueven
la libertad de expresión y crean un ambiente cultural vivo. Gracias por comprar una edición
autorizada de este libro y por cumplir con las leyes de derechos de autor al no reproducir,
escanear ni distribuir cualquier parte de este en cualquier forma sin permiso. Está apoyando
a los escritores y permitiendo que PRHGE continúe publicando libros para todos los lectores.
Ninguna parte de este libro puede ser utilizada ni reproducida de ninguna manera con
el propósito de entrenar tecnologías o sistemas de inteligencia artificial.

Impreso en Colombia/ *Printed in Colombia*

ISBN: 979-8-89098-338-1

ORIGEN es una marca registrada de Penguin Random House Grupo Editorial

Para John Sloan

*No sé si hay un editor que ame los libros tanto
como tú. Pero seguramente, no hay ningún editor
que ame a sus autores más que tú.
Y por eso le doy gracias a Dios.*

Contenido

Introducción de John Sloan [11]
Antes de empezar, por Joni Eareckson Tada [25]

Entregada por completo a Él [31]
Mi Rey [33]
¿Una pecadora miserable?[35]
La corona [37]
Confía en Dios siempre [39]
El círculo de protección [41]
Refleja a tu Salvador [43]
Llora en voz alta [45]
Conocer a Dios [47]
Una libertad santa [49]
Todos son pecadores [51]
Regresa con alabanza [53]
Una seguridad grande [55]
Santo y pecador [57]
Él está allí [59]
La vida espiritual [61]
La obra del Reino [63]
El gozo de Dios [65]
Un remedio saludable [67]
Estar con Dios [69]
Tesoro infinito [71]
Dolor, desarmada [73]
Confía en el Salador [75]
Un corazón limpio [77]
Cerca [79]
Persevera en sus promesas [81]
Bienaventurados los que sufren [83]
Bondad en el sufrimiento [85]
Anhelo por Jesús [87]
Pase lo que pase [89]
El mayor de los pecadores [91]
Alabanza de su gloria [93]
Confiar en Jesús [95]
Orar la Palabra de Dios [97]
La práctica de la presencia [99]
Corre a Jesús [101]
Esfuérzate al máximo [103]
La profesión cristiana [105]
La copa de aflicción [107]
Esperanza aplazada [109]
El engaño del pecado [111]
En las pequeñas cosas [113]
Un poco de fuerza [115]

Acércate a Dios [117]
Amor infinito [119]
Ser santo [121]
Agradarle a Dios [123]
Escucha a Jesús [125]
Habla a tu corazón [127]
Hablar de Jesús [129]
Llévale tu dolor [131]
Búscalo [133]
Tranquilidad sostenida [135]
Esperanza rebosante [137]
Amor asombroso [139]
Verlo por fe [141]
Una gran obra [143]
Recuerda su bondad [145]
Gozo continuo [147]
Padre de misericordias [149]
Recurre a una canción [151]
Sobre recibir [153]
Referentes de gracia [155]
El camino estrecho [157]
Instrumento misericorde [159]
Únete a la danza [161]
En su presencia [163]
No más ira [165]
La corona de la creación de Dios [167]
Jesús es la respuesta [169]
La fuente de la vida [171]
Permanece en Él [173]
Satisfacción [175]

Celebra las victorias [177]
La prueba de su amor [179]
Una visión expandida [181]
Él va contigo [183]
Devoción constante [185]
Los ídolos no satisfacen [187]
Consuelos innumerables [189]
Vuelve tu alma [191]
Aprecia sus bendiciones [193]
Dios es para ti [195]
Un paso de fe [197]
Digno del evangelio [199]
El pequeño recuerdo [201]
Trascender lo ordinario [203]
Un alma tierna [205]
Dones abundantes [207]
Esta copa [209]
Santa determinación [211]
Fuerza para soportar [213]
Juntos [215]
Amar las grietas [217]
Un remedio [219]
Sanidad más profunda [221]
Gracia y gratitud [223]
Fuera de la tumba [225]
Propósitos de Dios [227]
Instrumento dispuesto [229]
El hogar [231]
Gracia de trabajar bien [233]
La mente errante [235]
Ten valor [237]

La vida no es un contrato [239]
En la tranquilidad [241]
Oraciones sencillas [243]

Lleva tu cruz [245]
Consuelo del sufrimiento [247]
Tu todo en todo [249]

Notas [251]
Agradecimientos [255]

Introducción

Sobre el Hermano Lorenzo

El Hermano Lorenzo de la Resurrección o, simplemente, Hermano Lorenzo, no pretendió nunca que se leyeran sus cartas por todo el mundo. Este monje, que vivió hace centenares de años, es más conocido hoy como el autor de *La práctica de la presencia de Dios* [The Practice of the Presence of God]. Su libro es lo bastante pequeño como para caber en una mano y lo suficientemente breve como para leerlo en un día. Pero tiene implicaciones tremendas para cualquiera que lo escoja. Se convirtió en un fenómeno clásico del que se han vendido millones de copias en las cinco últimas décadas. Este pequeño libro de cartas y conversaciones de Lorenzo ni siquiera le fue atribuido en un principio; por lo tanto, nunca llegó a ver su influencia, pero eso no le habría importado.

El Hermano Lorenzo era monje, soldado, siervo campesino, místico y un hombre que buscó a Dios durante muchos años. Nació bajo el nombre de Nicolas Herman, de padres campesinos en la Francia oriental, en 1608 o 1614 (la fecha de su nacimiento no es segura). En Europa, la Guerra de los Treinta Años rugía mientras él crecía. Su infancia estuvo marcada por el conflicto, y entró joven en el servicio militar. Con su salario de soldado pagaba un poco de comida cada día. Estuvo en el campo de batalla contra los franceses, los alemanes, los suecos y otras naciones, en una guerra horrenda y pugilística. Lo que preocupaba a Lorenzo era la brutalidad del combate personal en la guerra, y no la política.

También fue conocido por su valentía en aquella guerra. Durante un enfrentamiento, un grupo de tropas alemanas lo tomó prisionero. Lo declararon espía y lo trataron como tal; lo amenazaron con ahorcarlo. Pero él les hizo saber que no tenía ni un ápice de miedo, que no era quien ellos afirmaban y que, por lo tanto, su conciencia lo llevaba a contemplar la muerte con indiferencia. Su sinceridad los sorprendía y los oficiales alemanes lo dejaron ir.

Mientras fue soldado tuvo una experiencia que profundizó su vida espiritual. Durante un invierno, vio un árbol desolado, sin hojas ni frutos. Se percató de que él era como aquel árbol estéril: sería transformado a través del poder de Dios, pero solo después de una larga temporada con muy poco fruto.

Un golpe acabó con el servicio de Lorenzo. Recibió una herida tan grave y profunda en la pierna que ya no caminaba como un hombre que no se hubiera lesionado en la guerra. Lo dejaron de lado como a un viejo mueble; nunca más volvería a ser utilizado. Más tarde, su lesión le provocó una "gota ciática" (hoy conocida como artritis de la articulación de la cadera) y una herida ulcerada que le causó una cojera distintiva. No pudo escapar a ciertos sentimientos de amargura, pero en sus escritos posteriores afirmó la providencia y el cuidado de Dios en la guerra. Incluso frente a las aflicciones que cambiaban su vida, Lorenzo exhortó a otros a tener esperanza: "Ten esperanza en Él más que nunca: agradécele conmigo los favores que te hace, en particular por la fortaleza y la paciencia que te da en tus aflicciones; es una clara señal del cuidado que tiene de ti; consuélate, pues, con Él, y da gracias por todo".

Al no poder servir como soldado, buscó otra línea de empleo. Halló trabajo de lacayo abriendo los escalones de las carrozas para la élite tras sus viajes en el carruaje. Sin embargo, demostró ser incompetente en su trabajo. Más tarde afirmaría que rompía todo lo que tocaba: los escalones o piezas de un carruaje y, presumiblemente, las libreas de los clientes de su cochero. Fue otro campo de entrenamiento para su posterior espiritualidad, pero no permanecería ahí durante mucho tiempo.

Soldado roto y lacayo desesperanzado, Lorenzo decidió volcarse en una vida religiosa. Se unió al monasterio de los Carmelitas Descalzos en París. Durante su primera década de vida en el seminario, no cambió. Realizaba sus tareas: lavar platos, llevar ollas y sartenes, levantar calderas de agua hirviendo o cocinar comidas en las grandes sartenes que luego fregaba. Trapear y barrer los pisos. Seguía siendo torpe.

Pero fue allí, en la cocina, donde encontró su secreto: practicar la presencia de Dios. Describió así el momento: "A veces me asaltaban pensamientos... de que no había salvación para mí. Cuando solo pensaba en acabar mis días en esos problemas... me encontré cambiado de repente y mi alma, que hasta entonces estaba turbada, sintió una profunda paz interior como si estuviera en su centro y lugar de descanso".

El Hermano Lorenzo se dio cuenta de que Dios estaba siempre con él, incluso durante las tareas más humildes. Y solo al reconocer la presencia divina, los trabajos más rutinarios y los entornos más sombríos se podían llenar del amor y la luz de Dios. Se entregó por completo a practicar la presencia divina en todas partes.

Dios bendijo a Lorenzo en la cocina y en la capilla, en momentos de alegría y en tiempos de aflicción, en cualquier circunstancia que se le presentara. Mientras otros se apresuraban a acabar sus deberes el Hermano Lorenzo hacía el mismo trabajo y más, pero siempre consciente de que Dios estaba presente. No había necesidad de apresurarse lejos de la presencia divina. Lorenzo mantenía conversaciones con Dios mientras trabajaba y su vida sencilla estaba llena de satisfacción. Como escribió: "No hay en el mundo un tipo de vida más dulce y deliciosa que la de una conversación continua con Dios".

Dada su conciencia de contar con la presencia de su Padre a su lado, Lorenzo caminó íntimamente con Dios durante el resto de su vida acercándose cada año más a Aquel a quien servía. Lorenzo se percató de que incluso sus errores eran sendas hacia una comunión más profunda con Dios: "Era muy consciente de mis fallos, pero no me desanimaba por ellos. Se los confesé a

Dios y no me excusé. Cuando lo hacía, reanudaba pacíficamente mi práctica habitual de amor y adoración". Su búsqueda de Dios a lo largo de su vida se realizó, y recogió su práctica de la presencia en sus cartas y en sus conversaciones.

El Hermano Lorenzo descubrió un deseo por Dios que eclipsó todas las demás pasiones: "Que todo nuestro empeño sea conocer a Dios; cuanto más se le conoce más se desea conocerlo". Conversaba con Dios de una manera tan familiar como con cualquier otra alma sobre la tierra. El monje aconsejaba su práctica con humildad a los demás, sabiendo que la presencia de Dios podía revelarse a cualquiera que deseara conocerlo mejor: "Si yo fuera predicador, debería predicar por encima de todo lo demás la práctica de *la presencia de* Dios; y, si fuera un director, debería aconsejarle a todo el mundo que lo hiciera: así de necesario me parece, y también así de fácil".

Lorenzo descubrió un secreto simple y verdadero, y que, sin embargo, requiere de toda una vida para ponerlo en práctica. Descubrió que, en nuestras propias vidas, podemos vivir cada día, cada hora y cada momento en la presencia de Dios. Podemos, como Lorenzo, estar entre ollas y sartenes, y, aun así, experimentar la presencia divina. Es lo que más le importaba a Lorenzo: encontrar a Dios presente en cada momento. Querría que todos nosotros experimentáramos esa gracia[1].

Sobre Joni Eareckson Tada

Joni Eareckson creció en la era de los nuevos electrodomésticos: tostadores, televisores y garajes para dos autos, cuando las casas parecían iguales en cada manzana. En muchos de los hogares de la década de 1950, después de la guerra, la iglesia y la escuela dominical eran una rutina para las familias estadounidenses.

Aunque las conversaciones con sus hermanas y sus padres estaban salpicadas de referencias a Dios y a la Biblia, su conciencia de Jesús estaba más relacionada con sus enseñanzas que con su cercanía. La Biblia disfrutaba de un lugar destacado en el salón, pero se la reverenciaba desde la distancia.

La fidelidad de los Eareckson era más evidente en su cantar diario. Sabían numerosos himnos cristianos y los entonaban con regularidad juntos. No se consideraba extraño prorrumpir en un himno mientras realizaban las tareas domésticas o el trabajo del jardín, cuando estaban sentados a la mesa después del postre o dirigiéndose a las escaleras para subir a acostarse. Las palabras de los himnos dieron forma a la vida espiritual temprana de Joni.

> Mi esperanza está fundamentada nada menos
> que en la sangre y la justicia de Jesús;
> no me atrevo a confiar en el marco más dulce,
> sino que me apoyo por completo en el nombre de Jesús[2].

El nombre de Jesús permanecía familiar en los labios de Joni y sus hermanas.

Las raíces de la familia Eareckson se remontaban a los principios de la Iglesia Episcopal Reformada, una pequeña denominación conservadora y litúrgica. En la casa Eareckson, la edición King James de *El Libro de Oración Común* permanecía abierta; Joni aprendió muchos salmos de memoria. También aprendió la Colecta por la Pureza, el credo Niceno y el de los Apóstoles, la Acción de Gracias General, la Confesión del Pecado y otras oraciones. Se sentía más cómoda con los ritmos de la liturgia que con los cultos de estilo libre de la mayoría de las iglesias evangélicas a las que asistían sus amigos.

Joni era la menor de cuatro hijas y luchaba por seguir el paso de su activa familia que no tenía reparos en cerrar la casa durante el verano para acampar en tiendas entre las dunas de arena de la costa de Delaware. A Joni le encaba tumbarse en la playa por la noche, armonizando con sus hermanas que se sabían numerosas canciones evangélicas. Bajo las estrellas percibía otro cántico, rítmico como las olas del océano y conectando con los indicios de la inmensa presencia de Dios, arriba, lejos, por encima de ella. Más tarde describiría cómo sintió los primeros estímulos fuertes del Espíritu y un profundo anhelo de conocerle mejor mientras acampaban en la playa; tenía que haber más de Jesús que lo que se alababa sobre Dios en los cánticos y en su libro de oración.

Como estudiante de segundo año de secundaria, Joni, de quince años, se sintió cautivada por la presentación del evangelio que escuchó en Young Life, un evento evangelístico en el campus de su instituto. Sentada en el suelo con las piernas cruzadas en los lugares de reunión como iglesias y hogares, sintió por primera vez que Jesús —el Jesús del que su familia había cantado, el Cristo que su libro de oraciones celebraba, el Dios Todopoderoso que era el centro de los servicios dominicales en su iglesia— era en realidad alguien personal. A través de Young Life, Joni se dio cuenta de que Cristo no murió por los pecados generales de todos: ¡murió por ella! Esa conciencia hizo girar una llave y Joni comprendió a su Salvador de manera personal. Toda la liturgia y los himnos se unieron al instante en una nueva comprensión de la presencia constante de Jesús.

Inmediatamente se inscribió en clases de confirmación en la Iglesia Episcopal Reformada. Las doctrinas del cielo y el infierno, el perdón, la gracia, la justificación y la santificación, arraigaron con rapidez. Los preceptos bíblicos que antes eran vagos se volvieron profundamente familiares. Eligió Gálatas 2:20 como versículo de vida: "He sido crucificad[a] con Cristo, y ya no vivo yo, sino que Cristo vive en mí. Lo que ahora vivo en el cuerpo, lo vivo por la fe en el Hijo de Dios, quien me amó y dio su vida por mí". Más tarde sabría lo que significaba estar "crucificada con Cristo".

El final de la década de 1960 trajo consigo la revolución sexual y Joni cayó bajo su influencia. Durante los años restantes de escuela cayó en fallos morales que se volvieron habituales y la arrastraron por un camino descendente hasta una profunda depresión espiritual. Anhelaba seguir a Cristo, pero con cada elección pecaminosa e irresponsable se encontró esclavizada. Joni quería arrepentirse, pero perdió su capacidad de resistir a la tentación. Le aplastó comprender que se había convertido en una hipócrita que confesaba a Jesús a la luz y lo negaba en la oscuridad.

Semanas antes de su graduación en el instituto, sabiendo que su estilo de vida solo empeoraría en un campus de universidad lejos de casa, Joni elevó una oración que no presagiaba nada bueno. Con valentía le suplicó a Dios que hiciera cualquier cosa —absolutamente lo que fuera— por rescatarla de su esclavitud a la lujuria. Poco después se rompió el cuello.

Luego de su trágico accidente, toda la convicción cristiana que tenía fue puesta a prueba. Y cuando la permanencia de su parálisis la abofeteó, Joni se llenó de horror. La epístola a los Romanos 8:28, con su seguridad de que Dios obraba todo según un patrón para beneficio del creyente, sonaba manida cuando se enfrentó a tener que vivir sin el uso de sus manos y sus piernas. Más tarde reflexionaría: "Esto no es un accidente de navegación; es el hundimiento del Titanic". El hospital depositó a Joni en el pabellón geriátrico de una institución del estado. Observar cómo sus amigas se iban a la universidad, obtenían un trabajo fuera del estado o se casaban, no hacía más que aumentar su sensación de aislamiento. El pabellón era como una prisión. Una desesperación anestésica se infiltró en su vida junto con pensamientos de suicidio. Golpeó la cabeza con violencia contra su almohada con la esperanza de romperse el cuello de nuevo y acabar con su vida.

Jay, la hermana mayor de Joni, vio a su hermana caer por una espiral descendente. Abrió la granja de la familia para Joni. Incluso con la institución del estado detrás de ella, la depresión persistía sobre Joni. Pasaba horas sentada mirando fijamente los campos. Los amigos la llamaban por teléfono; ella no contestaba. Las visitas llegaban a la puerta; ella se quedaba en la cama. Durante semanas, Joni permaneció en una habitación oscura con las cortinas cerradas a cal y canto.

Finalmente, Joni sacó fuerzas para orar: "Señor, si no puedo morir, te ruego que me enseñes a vivir". Al día siguiente reunió sus fuerzas, se sentó en su silla de ruedas y empezó a seguir adelante hacia la vida. *El Libro de Oración Común* con su liturgia mezclada de versículos estaba constantemente en sus labios. Joni empezó crecerse en la granja familiar. Fue capaz de sonreír.

La señorita Eareckson se negó a deslizarse sobre la superficie de las preguntas que la atormentaban. Sus amigos —principalmente calvinistas en edad universitaria— crearon un círculo de oración por ella. Participó en sesiones de estudio que duraban hasta bien entrada la noche, mientras sus amigos comían pizza y reflexionaban juntos en preguntas difíciles. Siempre había mucha música, banquetes y juegos, y hasta caminatas nocturnas a lo largo del río que bordeaba la granja. Las reuniones fueron una epifanía. Estas relaciones personales dieron forma a cómo debe ser y sentirse el amor cristiano.

Se colocaron los libros en un atril y Joni pudo pasar las páginas con un bastón bucal. Estudió el libro del Dr. Lorraine Boettner, *The Reformed Doctrine of Predestination* [La doctrina reformada de la predestinación], una extensa obra que la ayudó a entender el amplio alcance de la soberanía de Dios sobre todas las aflicciones. Le sorprendió enterarse de que el dominio de Dios era tan inmenso que cubría incluso los granos de arena que se movían bajo las aguas en las que se rompió el cuello. Lejos de resultarle desalentadora, la doctrina de la soberanía divina fue reconfortante.

Halló un amigo en Jonathan Edwards y su pequeño libro *Heaven: A World of Love* [El cielo: un mundo de amor]. A través de sus páginas aprendió la conexión entre la respuesta de un cristiano al sufrimiento y el impacto de este para la eternidad. Edwards le enseñó que confiar en Dios y obedecerle en las aflicciones aumentaría su capacidad de gozo, de adoración y de servicio en el cielo. Fue una revelación que moldearía para siempre la forma de ver su sufrimiento. Como escribió Edwards: "Los que se encuentran en el grado más alto de gloria tendrán la mayor capacidad; y, así, con un mayor conocimiento, verán más de la hermosura de Dios y, en consecuencia, el amor a Dios y a los santos serán más abundantes en sus corazones" [3]. La teología de Edwards sería un principio guía para vivir con parálisis.

La formación espiritual de Joni estuvo influenciada en gran medida por puritanos, pastores y teólogos reformados, incluida Elisabeth Elliot, la misionera cuyo esposo fue asesinado en la selva por la tribu indígena a la que buscaba alcanzar. Estos reformadores —y su enfoque sólido y pragmático de experimentar a Jesucristo— proveyó una red de seguridad para esta cuadripléjica mientras luchaba con los obstáculos para su grave discapacidad. Gravitó en torno a autores y pensadores que escribieron sobre su propia angustia y su dolor.

Joni se sentaba en el porche trasero de la granja familiar y escuchaba casetes de R. C. Sproul y John Gerstner, calvinistas modernos que fortalecía sus posiciones de la soberanía de Dios y su cuidado incluso en malos tiempos. Richard Baxter, un puritano inglés, la ayudó a gestionar sus emociones erráticas. Y Thomas Goodwin le enseñó sobre la ternura de Cristo en sus aflicciones.

Estos maestros la apartaron del progresismo teológico popular de la década de 1970.

Joni encontró refresco en los escritos y la poesía de místicos católicos como Jeanne-Marie Guyon y François Fénelon. Sus experiencias del sufrimiento y sus expresiones de la cercanía de Cristo ablandaron su teología. El teólogo católico Dr. Peter Kreeft, y su clásico: *Making Sense Out of Suffering* [Hallarle sentido al sufrimiento], también se convirtió en un recurso trillado en la estantería de Joni.

La señorita Eareckson se convirtió en una "calvinista de cinco puntos", una teología conocida por su fuerte énfasis en la soberanía de Dios. El monje carmelita, el Hermano Lorenzo, enfatizó el libre albedrío de la persona. Eran dos teologías distintas, de manera que resultaba raro que Joni opinara que la humilde obra de un monje carmelita estaba llena de sentido y que le era útil en su búsqueda de la paz de Dios. Joni había leído *La práctica de la presencia de Dios* poco después de haber venido a Cristo en la escuela secundaria; el libro era tendencia en ese tiempo entre los jóvenes creyentes. Su sencilla rutina de conocer, ver y comprender a Dios cada día en sus hábitos de trabajo cotidiano la intrigaron entonces y, ahora —en la despejada rutina de vivir en la granja familiar— Joni tuvo ocasión de revisar su obra. Descubrió que *La práctica de la presencia de Dios* era cautivadora, sencilla y contagiosa. Una pausa refrescante de sus escritores y pensadores reformados.

Los pensamientos de Lorenzo resultaron estimulantes para Joni. Él ofrecía un enfoque sensato al pecado y sus efectos decadentes en una relación vivaz con Dios. Sin embargo, por sus aflicciones puestas continuamente a prueba, caía con frecuencia en el pecado: quejándose por no poder caminar, gritándole a su hermana o envidiando a otros que se casaban y formaban una familia. Los escritos del monje le proporcionaron una evaluación implacable de la influencia perjudicial del pecado, así como un aprecio tierno por la gracia y el perdón de Dios. Los escritos del carmelita del siglo XVII la conmovieron en gran manera.

Se sentía atraída por la autenticidad de Lorenzo. Ahí tenía a un cristiano que había sufrido muchísimo. Como ella, él luchaba en lo moral y lamentaba profundamente haberse alejado de sus raíces espirituales. Cuando fallaba en lo espiritual, admitía su pecado y no tardaba en arrepentirse. Joni respetaba eso.

A diferencia del humilde monje, al que solo se conocía por sus tareas domésticas en la cocina, la fama de Joni por su contentamiento en el sufrimiento creció hasta alcanzar el estatus de celebridad. Sus libros y la película producida sobre su vida la lanzaron a un escenario global. La humilde postura del Hermano Lorenzo le sirvió de advertencia. Se mantenía cautelosa ante el atractivo de la fama y reconocía su único beneficio: un ámbito más amplio de influencia para Cristo. Ha mantenido esta postura modesta a lo largo de su vida.

Durante las décadas siguientes, Joni hojeaba de vez en cuando *La práctica de la presencia de Dios* y se sentía renovada por el enfoque sencillo de Lorenzo hacia la vida y hacia Dios. Al principio, le intrigaba su entusiasmo por el amor y la gracia divinos, como si esa fuera la única respuesta a todos los males y sufrimientos del mundo. Parecía un sentimentalismo espiritual, pero, con el tiempo, mientras ella misma soportaba mucho sufrimiento, a Joni le quedó claro que el supremo amor de Dios era, de hecho, la respuesta al trágico predicamento del mundo.

Lorenzo restaba importancia a la obra redentora de Cristo como la máxima expresión del amor de Dios por un mundo herido. Joni reconocía esto, notando la diferencia entre su teología calvinista y la teología católica de Lorenzo. Aun así, encontraba valor en el llamado del monje a un compromiso sencillo con Dios a través de la práctica diaria de su divina presencia.

Muchas influencias variadas, desde el calvinismo hasta el catolicismo, han contribuido a la formación espiritual de Joni. Muchos afluentes teológicos ayudaron a llenar el río de su amor por Cristo, pero la Palabra de Dios y sus aflicciones son la principal fuente de su adoración y devoción a Jesucristo. Para ella el enfoque en todo su sufrimiento no es hallar respuestas, sino encontrar La Respuesta: el Hijo de Dios, quien sufrió por ella. Joni declararía que ante todo y por encima de todo, Jesús es el Hijo del Hombre y dio su vida para que ella pudiera tener acceso a Dios.

Si el Hermano Lorenzo hubiera podido ver lejos en el futuro de su compañera de viaje, Joni Eareckson Tada, habría sonreído al oírla decir: "Sin Cristo no hay sentido en el sufrimiento. Sin Cristo no hay presencia de Dios".

El Hermano Lorenzo vivió las monotonías del trabajo en la cocina durante el siglo XVII, mientras París se agitaba en las aguas turbulentas de una Francia convulsa. En ese contexto encontró el secreto de la paz: estar en conversación constante con el Padre... cada día y cada hora... practicando la presencia de Dios. En *La práctica de la presencia de Jesús*, Lorenzo se refiere mayormente a Dios como Padre.

Aunque Joni se refiere a Dios en sus tres personas, es a Jesús a quien se dirige en este libro con mayor frecuencia. Tras cuarenta años en el ámbito editorial cristiano, confieso que nunca he conocido a alguien que tenga el tipo de comunicación constante con Jesucristo que Joni experimenta. Le canta a Jesús mientras recorre los pasillos de su oficina; lo alaba cuando da la bienvenida a todos los que conoce; vitorea al Señor con cada grupo de visitantes que llega a su edificio ministerial. Y también alaba a Dios cuando las cosas no van bien, como cuando sufre un dolor incesante e implacable. Practica la presencia de Dios diariamente.

¿Cómo experimentó el Hermano Lorenzo semejante cercanía con Jesús, con Dios, en el siglo XVII? ¿Y Cómo lo hace Joni en el siglo XXI? Este libro te proporcionará una idea de la respuesta.

La práctica de la presencia de Jesús une las palabras de Lorenzo y Joni para enseñarnos cómo vivir en la paz de su Pastor las veinticuatro horas del día, los siete días de la semana. De una manera inspiradora y de adoración, los dichos de Lorenzo y las meditaciones e historias inéditas de Joni se fortalecen mutuamente para crear algo fresco y nuevo. También se incluyen los bocetos a tinta de Joni, que realizó sosteniendo el bolígrafo entre los dientes. La práctica de la presencia de Jesús te ayudará a encontrar un ritmo diario para experimentar la cercanía de Dios de formas simples pero impactantes. Lorenzo y Joni intercambian sus pensamientos creando una hermosa canción a Dios. Es la melodía atemporal y suave de estar con Jesús.

JOHN SLOAN
Editor Emérito

Antes de empezar

El sufrimiento tiene una forma de llevarte más allá de las aguas superficiales de la vida, donde tu fe tiende a sentirse como si solo te llegaran a los tobillos. Te arroja a las profundidades insondables de Dios, un lugar donde Jesús es el único que puede tocar fondo.

Durante más de medio siglo, en todas las etapas de mi vida, mi cuadriplejia me ha enseñado a nadar en las profundidades de Dios. No digo que lo haga bien. A veces siento que apenas me mantengo a flote. En todas las ocasiones creo que me ahogaré en las olas de dolor que me golpean. Pero Jesús es siempre mi rescatador. Él es mi ancla y me aferro a Él ahora más que nunca. Es porque lo necesito más.

El dolor nunca cesa. Te empuja a límites donde casi te derrumbas, y a veces lo haces. Pero el dolor también ha fundido mi corazón con el de mi Salvador. Encuentro consuelo en el Varón de Dolores, familiarizado con el sufrimiento (ver Isaías 53:3). Él es mejor alivio y descanso que cualquier analgésico.

Y es mi dolor el que me ha obligado a un ritmo más lento. Ahora veo más en su Palabra. Veo a Jesús en los pequeños y grandes placeres. Siento su deleite en todo, desde las sombras salpicadas de sol en un césped, hasta esos momentos asombrosos en los que un alma extraviada despierta a la verdad del evangelio. Todo significa más para mí ahora. De alguna manera, el dolor —y quizás el envejecimiento— me ha ayudado a apreciar más la vida.

Por ello, en el último año o más, he vuelto a mi copia desgastada de *La práctica de la presencia de Dios*. Recordé cómo los escritos del Hermano Lorenzo me tocaron por primera vez cuando era más joven, más saludable y activa. En los años sesenta leí este pequeño libro de Lorenzo porque todos lo estaban leyendo. Pero ahora, en un mundo tenso poscovid, puedo afirmar que comencé a leerlo de nuevo porque sabía que disfrutaría del enfoque humilde de la vida de este monje modesto.

Nuestra cultura nos grita con mil voces diferentes y a veces apenas puedo oír respirar mi alma. En *La práctica de la presencia de Dios*, hallo la voz singular de un hermano humilde que baja el volumen. Sus escritos son sencillos y me gusta eso. Lorenzo ejercita su fe entre ollas y sartenes, cubos de fregar, inodoros y pisos sucios… Yo lo hago entre bolsas de orina, cuñas, baterías de sillas de ruedas, medias de compresión y un ventilador externo.

Tanto para el monje como para mí la vida parece llena de rutina. Pero también está llena de la majestuosa grandeza de nuestro gran Dios trino.

Los escritos de Lorenzo me han inspirado. En los ritmos ordinarios de la vida con una discapacidad y su parafernalia, practico la presencia de Jesucristo momento a momento. Apenas tengo opción en el asunto; el dolor y la discapacidad requieren una cercanía diaria con Cristo.

Últimamente, al escribir en mi diario lo que veo y observo sobre la presencia de Jesús y de la vida en general, en especial en nuestro mundo oscuro y frenético, siento que mis reflexiones reflejan las del Hermano Lorenzo. Pero nuestras meditaciones no son exactamente iguales. Nuestro hermano del siglo XVII se refiere a Dios, mientras que yo señalo con mayor frecuencia a Jesús y su Palabra.

Después de muchas páginas de mi diario una cosa llevó a la otra. Y aquí estás, sosteniendo todo esto en una colección llamada *La práctica de la presencia de Jesús*. La idea para este volumen surgió de mi editor y amigo de mucho tiempo, John Sloan. Nunca olvidaré haber hojeado cuidadosamente la edición en inglés de 1860 del clásico del Hermano Lorenzo que John atesoraba. Las páginas estaban amarillentas y gastadas de tanto uso. Es evidente que mi amigo John tiene un gran respeto por este modesto monje, de modo que cuando leyó algunas de mis entradas devocionales, me sugirió: "¿Por qué no juntar estos escritos con los de Lorenzo?". Y el libro que tienes en tus manos es el resultado de eso.

Cada entrada en este libro incluye una venerada ilustración de Lorenzo, seguida de reflexiones relacionadas de mi propia pluma. Mis devocionales hacen referencia en ocasiones a los de Lorenzo, pero no siempre. Más bien, trato de esclarecer sus temas clave. En este pequeño, pero sólido libro, mi intención es proporcionar apoyos bíblicos que te ayuden a avanzar en tu consciencia de la presencia de Cristo y en tu diálogo diario con Él. Si mi amigo carmelita estuviera sentado a mi lado, creo que te invitaría a absorber nuestras con la misma paciencia y expectativa que hemos modelado en nuestras vidas. Sin prisas. Siempre esperando. Soportando con perseverancia. Sin despreciar las tareas simples de tus días. Viendo a Dios en todas las cosas... Entonces, quédate un rato con este libro y da tiempo para que cada una de nuestras reflexiones penetre en ti. Hay profundidad y sabiduría por descubrir aquí.

—Joni Eareckson Tada
Joni and Friends International Disability Center

La práctica de la presencia de Jesús

1
Entregada por completo

Sé que para la correcta práctica de la presencia de Dios,
el corazón debe estar vacío de todas las demás cosas;
porque Dios poseerá el corazón solo; y así como no
puede poseerlo solo sin vaciarlo de todo lo demás,
tampoco puede actuar allí ni hacer en él lo que
le plazca, a menos que se vacíe para Él.
—Hermano Lorenzo, *página 42*

ÉL CUBRE DE NUBES EL CIELO,
ENVÍA LA LLUVIA SOBRE LA TIERRA (SAL 147:8)

Me encanta practicar la presencia de mi Salvador en la oscuridad de la noche, cuando no puedo dormir. En lugar de lidiar con la ansiedad, vacío mi corazón y lo lleno con las bellezas de Jesús. Lo colmo de palabras de amor para Él, tomadas cada una de ellas de la Biblia: "Oh, Jesús, para mí eres absolutamente encantador, el más hermoso entre diez mil, la estrella resplandeciente de la mañana, mi Novio a quien anhelo. Eres la Rosa de Sarón, el Lirio de los Valles. "¡Mejor es tu amor que el vino! La fragancia de tus perfumes es placentera" (Cantar de los Cantares 1:2-3). El corazón no puede permanecer lleno de pensamientos confusos cuando sus hoyos desbordan con la hermosura de Cristo.

A la mañana siguiente me siento renovada por haber permanecido en Cristo durante la noche. Despierto siendo una persona ligeramente diferente, más tranquila y satisfecha. Es la sensación de que Dios está contento conmigo. Pero no es la sensación presuntuosa de ser más santa o más justa, o de sentir que he impresionado a Dios por haberme enfocado tanto en su Hijo; más bien me siento menos santa. Soy más consciente de mi pecado, menos convencida de mi reputación intachable. Que me sienta más como Pablo, el principal de los pecadores, es una indicación de que mi corazón es ahora una morada apartada donde el Espíritu de Jesús se complace en residir. Mi hermoso Salvador ha revelado la fealdad de mi alma y caigo ante Él, feliz de que Él es lo que mi corazón necesita. Él es mi todo, mi todo en todo.

Medita: ¿Qué compite hoy en tu corazón con tu afecto por Jesús?

2
Mi Rey

Mi Rey, lleno de misericordia y bondad, lejos de castigarme, me abraza con amor, me hace comer en su mesa, me sirve con sus propias manos, me da la llave de sus tesoros; conversa y se deleita conmigo sin cesar, de mil y mil maneras, y me trata en todos los aspectos como su favorito. Así es como me considero de vez en cuando en su santa presencia.

—*Hermano Lorenzo, página 34*

Nuestro gran Rey anhela derramar favor sobre sus hijos. No espera que acudamos a Él; Él nos busca. Nos persigue activamente. Una versión de la Biblia traduce Salmos 23:6 así: "La bondad y el amor me seguirán todos los días de mi vida". Dios nos persigue con bondad y nos da cosas que no hemos ganado, como amistades cálidas, comida en la mesa, paz y seguridad en nuestras calles, trabajos que realizar y palabras de ánimo compartidas con una taza de café. Nos persigue con misericordia al no darnos lo que merecemos, el juicio. Es rápido para perdonar y está rebosante de amor, todo por causa de Jesús. Dios nunca se cansa de derramar misericordia y bondad.

Pero su naturaleza llena de gracia y generosidad va aún más allá: es un Rey que disfruta llevar nuestras cargas. Le encanta actuar "en favor de quienes en él esperan" (Isaías 64:4). Se deleita en servirnos no solo aquí en la tierra sino también en la gloria. Pensamos en el cielo como un lugar donde serviremos a Jesús por siempre. Aunque eso es cierto, la imagen completa es aún más asombrosa. En Lucas 12:37, Jesús declara que "se ajustará la ropa, hará que los siervos se sienten a la mesa y él mismo se pondrá a servirles". ¡Oh, amigo! Por toda la eternidad alabaremos a un Salvador lleno de bondad y misericordia, un Salvador que se deleita en servirnos.

Medita: ¿Qué cargas quiere llevar Jesús por ti hoy?

3
¿Una pecadora miserable?

Denle gracias, si lo desean, conmigo, por su gran
bondad hacia mí, que nunca podré admirar lo suficiente,
por los muchos favores que ha concedido a un pecador
tan miserable como yo.
—*Hermano Lorenzo, página 29*

De niña, vestida con mi mejor traje de domingo, juntaba las manos, inclinaba la cabeza y me unía a nuestra congregación para recitar *El Libro de Oración Común*: "Reconocemos y lamentamos nuestros múltiples pecados y maldades, que de tiempo en tiempo tan gravemente hemos cometido, en pensamiento, palabra y obra, contra tu divina Majestad"[4]. ¿Te parece extraño que una niña ore de esa manera? Tal vez. Pero ya entonces sabía que mi pequeño corazón era perverso.

Perverso es una palabra cortante. Por instinto nos apartamos de ella, reacios a admitir el mal que llevamos dentro. Una persona no se limita a distorsionar la verdad; es una mentirosa. No solo engaña; es ladrona. En el fondo, sin Cristo somos perversos. Existe una inclinación torcida en el corazón humano. Pero una vez que aceptamos a Cristo, 1 Corintios 5:7 nos señala que debemos deshacernos "de la vieja levadura para que sean masa nueva, panes sin levadura, *como lo son en realidad*". En Cristo de verdad somos justos en nuestro interior. Sí, de vez en cuando pecaremos como indica el libro de oraciones, pero no está en nuestra naturaleza como creyentes comprados con sangre hacerlo de manera habitual, continua, rutinaria. Contamos con la ayuda del Espíritu Santo que nos permite ser quienes realmente somos. ¡Qué gloriosa esperanza! Arranca hoy de tu corazón la serpiente del pecado que se ha enroscado en él. Abre tu alma a las bellezas del evangelio y a la hermosura de Jesús, quien te rescata de tus transgresiones. Pide a su Espíritu que refuerce tu inclinación hacia el bien, y sigue cada una de sus indicaciones para hacer de tu corazón un hogar digno para Jesús.

Medita: 1 Corintios 5:7 es una poderosa declaración de tu identidad en Cristo. Reflexiona bien en cómo debe cambiar esto tu forma de vivir.

4
La corona

Desde entonces, camino delante de Dios con sencillez, con fe, con humildad y con amor; y me esfuerzo diligentemente en no hacer ni pensar nada que pueda desagradarle. Espero que, cuando haya hecho lo que esté en mis manos, Él hará conmigo lo que le plazca.
—Hermano Lorenzo, *página* 32

En su coronación en 1804 Napoleón Bonaparte se vistió con ropajes opulentos, se puso de pie y sostuvo la corona sobre su propia cabeza. Todos los demás, incluido el Papa, fueron meros espectadores mientras él la colocaba sobre su frente. Napoleón se autocoronó emperador de Francia demostrando que no estaría sometido a ningún poder que no fuera él mismo[5].

El orgullo es así. Se corona a sí mismo gobernando sobre todo lo que está mal en nosotros. Pero Jesús triunfa sobre nuestros reinos egoístas insistiendo con amor en que nos humillemos ante Él. En esta humildad se nos invita a seguir el ejemplo de Cristo mismo. Jesús "se despojó a sí mismo" ante su Padre, y yo debo hacer lo mismo (Filipenses 2:7). La humildad comienza al ver las cosas como son: Dios es grande y yo no. Él es puro y yo no. Él es luz y en las profundidades de mi corazón hay oscuridad. Él es sabio y a mí me queda un largo camino por recorrer. Cuando veo las cosas de esta manera, voy de camino a la humildad. Pero esta se me escapará si convierto en mi meta algo o a alguien distinto al Señor Jesucristo. Si alguna corona tiene importancia, es la espinosa y ensangrentada que Él llevó. Ríndele el control de tu reino y poseerás lo que ningún tirano puede reclamar: la verdadera humildad.

Medita: ¿De qué manera está la humildad relacionada con Jesús en tu vida?

5
Confía en Dios siempre

Cuando no pensaba en otra cosa más que en acabar mis
días en estas tribulaciones [las dudas sobre mi salvación
y la presunción de la fe] (las cuales en nada disminuían la
confianza que tenía en Dios y que solo servían para aumentar
mi fe), me encontré de repente cambiado; y mi alma, que hasta
entonces estaba en conflicto, sintió una profunda paz interior,
como si estuviera en su centro y lugar de descanso.

—Hermano Lorenzo, *página 32*

Cuando me lesioné por primera vez, me invadieron tantas dudas y miedos respecto al futuro que no podía imaginar cómo podría reunir suficiente confianza en Dios. Me imaginaba que solo los santos "perfectos", de rodillas, con lo ojos cerrados y las manos unidas, podían confiar en Dios en algo tan terrible como la parálisis. Solo aquellos santos de escayola, dispuestos en elevados pedestales, podían confiar en Él en todo momento, ¿no es así?

En Salmos 62:8 se nos muestra un cuadro diferente. Sin exageración alguna, el salmista nos insta: "Oh, pueblo, confía en él siempre, derrama ante él tu corazón, pues Dios es nuestro refugio". Podemos confiar en Dios en todo momento, no solo cuando es conveniente, cuando tiene sentido, o cuando es fácil, sino también cuando va en contra de todo lo que sentimos por dentro. Sí, es posible confiar en Dios en toda situación. ¿Cómo? A través de Jesús. Él nos da el mandato de confiar en Él y luego nos brinda el poder y la voluntad para hacerlo. En el instante en que "derramas tu corazón delante de Él", Él anima y fortalece tu confianza en Él. En el momento en que reconoces que "Dios es nuestro refugio", Él está ahí contigo, asegurándote que no tienes que hacerlo solo. Confiar en el Señor en todo momento puede sonar abrumador, pero es posible si derramas tu corazón ante Él y lo conviertes en tu refugio.

Cuando aprendas a confiar en Dios en todo momento no te convertirás en la Madre Teresa, pero desarrollarás una fe que siempre estará fácilmente disponible. Estará a tu alcance sin dificultad; te apoderarás de ella con suavidad y sin esfuerzo. Tu fe estará ahí, lista para creer, confiar, rendirse y celebrar a tu Dios digno de confianza.

Medita: ¿Qué barreras te impiden confiar plenamente en Dios?

6
El círculo de protección

Mientras estoy con Él, no temo nada;
pero el más mínimo alejamiento de Él es insoportable.
—Hermano Lorenzo, página 44

Recuerdo haber visto antiguas películas del Lejano Oeste y una escena recurrente: cuando un grupo de pioneros era atacado rodeaban sus carretas formando un círculo. Colocaban las grandes carretas una tras otra, creando una barrera con los miembros más vulnerables en el centro, el lugar de seguridad y protección.

Cuando David huía de sus enemigos, encontró refugio en una cueva rocosa cerca de Adulam. Los estudiosos creen que fue entonces cuando escribió Salmos 34:7, que dice: "El ángel del Señor acampa en torno a los que le temen; a su lado está para librarlos"[6]. La palabra "acampar" significa "rodear", y podemos imaginar a David alzando la vista y, con fe, maravillarse al ver al Señor rodeándolo con su protección. Dios se estaba posicionando a favor de David: "Lo rodeó, cuidó de Él; lo guardó como a la niña de sus ojos" (Deuteronomio 32:10 NBLA). David estaba en el centro del anillo de protección y de la fortaleza de Dios.

Cuando el peligro se acerca deshazte del miedo. Entiende que estás rodeado y cercado por el Capitán del Ejército del Señor y su hueste angelical. Ningún enemigo puede penetrar ese círculo de protección, pues "como rodean los montes a Jerusalén, así rodea el Señor a su pueblo desde ahora y para siempre" (Salmos 125:2). En esa libertad del temor podemos vivir verdaderamente.

Medita: Si hoy te sientes expuesto y vulnerable, corre hacia el círculo de protección de Dios.

7
Refleja a tu Salvador

A veces me considero... como una piedra ante un escultor,
de la cual Él ha de hacer una estatua; presentándome
así ante Dios, le pido que haga su imagen perfecta
en mi alma y me haga por completo como Él.
—*Hermano Lorenzo, página 35*

Examina Efesios 1:4 por un momento: "Incluso antes de haber hecho el mundo, Dios nos amó y nos eligió en Cristo" (NTV). Detente en la primera parte de ese versículo. Antes de que Dios creara el tiempo y el espacio; antes de que creara el universo y dijera: "¡Que haya luz!" (Génesis 1:3); antes de que hiciera el mundo y se moviera sobre las aguas, formara cadenas montañosas, vertiera océanos y esculpiera ríos; antes de que creara almacenes para el granizo, el viento y la nieve; antes de todo esto, Dios te conocía y te amaba. Desde tiempos inmemoriales, te imaginó y te diseñó en su corazón, visualizándote como Él quiso que fueras.

Desde antes de la fundación del mundo, el mayor esfuerzo de Dios siempre ha sido... nosotros. Hemos sido creados a su imagen (ni siquiera los animales más amados pueden reclamar esto). Somos reflectores de Dios, lo reflejamos en cada momento. Recuerda que antes de que existieran el sol o la luna, antes de que hubiera día o noche, Dios se deleitó al poner su gloria —Su imagen— en ti. ¡Y hay más! Efesios 1:4 apunta a un llamado aún más alto. Llevamos algo de Dios que es aún más específico: llevamos la imagen del hombre celestial, Jesucristo (1 Corintios 15:47). Dios te eligió en Cristo para que seas como Él. No hay nada más glorioso que eso. Hoy, practica la presencia de Jesús reflejándolo a los demás. Refleja a tu Salvador por dentro y por fuera. Es lo que Dios pretendía desde el principio de los tiempos.

Meditación: ¿De qué nuevas formas puedes reflejar la hermosa imagen de Dios?

8
Llora en voz alta

Basta con elevar una pequeña oración en el corazón;
un pequeño recuerdo de Dios, un acto de adoración interna,
aunque sea en marcha y con la espada en la mano,
son oraciones que, aunque breves, son muy aceptables
para Dios; y lejos de disminuir el coraje de un soldado
en ocasiones de peligro, lo refuerzan...
Te recomiendo que pienses en Dios tanto como puedas,
como se indica aquí; es muy adecuado y necesario para
un soldado que está diariamente expuesto a peligros
para su vida y, a menudo, para su salvación.
—*Hermano Lorenzo, páginas 37-38*

Cometió adulterio, conspiró, asesinó y derramó la sangre de miles. Sin embargo, el Señor dijo de él: "He encontrado en David, hijo de Isaí, un hombre conforme a mi corazón; él hará todo lo que yo quiera" (Hechos 13:22). Cuando Dios miró en el corazón de David vio a un pecador desesperado que se conocía a sí mismo. El poderoso rey de Judá confesó: "Yo soy pobre y necesitado; quiera el Señor tomarme en cuenta. Tú eres mi socorro y mi libertador; ¡no te demores, Dios mío!" (Salmo 40:17).

Cuando nuestras almas se desvían, no es momento de ser sutiles. Sé como el salmista que alzó su voz y suplicó: "Con todo mi ser, mi cuerpo y mi alma, gritaré con alegría al Dios viviente" (Salmos 84:2 NTV). Clama, gime en voz alta, suplica persistentemente, muestra alguna emoción y lamenta; humíllate y trabaja en oración. Añade urgencia a tu oración; muéstrale a Dios que te importa tu alma en peligro.

Cuando clamamos al Dios viviente conectamos nuestra vacuidad con su depósito de poder infinito. Por eso me he vuelto agradecida por mi cuadriplejía. Cuando al principio me hizo caer en un desagüe de desesperación, entré en pánico y clamé a Dios. Cuando sentí sus fuertes brazos levantándome del pozo, supe que había encontrado ayuda duradera. Y ahora mi cuadriplejía me brinda una necesidad interminable del Señor. ¿Reconoces la necesidad de tu alma por Dios? ¿O estás demasiado preocupado por tu situación para hacer algo al respecto? Sé como el rey de Judá: sé pobre, necesitado y dependiente. No te importe lo que piensen los demás, solo clama a Dios por ayuda.

Medita: Si sientes que tu alma está en peligro hoy, clama a Dios.

9
Conocer a Dios

Debemos conocer antes de poder amar. Para conocer a Dios, debemos pensar en Él a menudo; y cuando lleguemos a amarlo, entonces también pensaremos en Él con frecuencia, porque nuestro corazón estará con nuestro tesoro.

—*Hermano Lorenzo, páginas* 51-52

Si quiero amar más a Jesús —y así es— entonces debo esforzarme por conocerlo mejor. Y conocer mejor a Jesús siempre da lugar a la obediencia, pues Él dice: "Si ustedes me aman, obedecerán mis mandamientos" (Juan 14:15). No es una declaración dura o de reproche; es más bien una promesa. Es como si Jesús prometiera: "Si me amas, si me conviertes en el centro de tus pensamientos, si te deleitas en mí y realizas tus tareas más ordinarias con la mirada puesta en mi gloria, si me sigues, entonces nada podrá detenerte de obedecerme". Pero hay más. Jesús añade: "El que hace suyos mis mandamientos y los obedece… yo también lo amaré y me manifestaré a él" (Juan 14:21). Tu obediencia lleva a Jesús a revelar, capa tras capa, su corazón, mostrándote los secretos de sí mismo: su belleza, su dignidad y cosas que te dejarán sin aliento. Antes, yo no solía llorar al ver un atardecer o al sentarme a contemplar un parterre de flores reflexionando sobre la gloria de Dios. Tampoco solía entrar en adoración al ver montañas cubiertas de nieve, pero ahora mis ojos están abiertos a estas bendiciones porque guardo sus mandamientos (Salmos 119:56). Así que atesora sus mandamientos, pues Jesús quiere que lo conozcas y lo ames más. Somos bienaventurados —supremamente felices—, no cuando todo nos sale bien, sino cuando todo dentro de nosotros se orienta hacia Dios.

Medita: Tus placeres más sencillos son dones de Dios.
Celebra eso.

10
Una libertad santa

No digo que, por lo tanto, debamos imponernos clase
alguna de coacción violenta. No, debemos servir
a Dios en una libertad santa.
—Hermano Lorenzo, *páginas 44-45*

Me encanta el mandato alegre del Salmo 100:2: "¡Sirvan al Señor con alegría!" (NBLA). Mi amiga Kenzie hace precisamente eso. Pídele ayuda, y ella sonríe y responde: "¡Ya estoy en ello!". Solicitarle algo es un placer en sí. Su disposición alegre y generosa de entregarse en favor de otro resplandece con la gloria de Dios. Cuando Kenzie actúa de esta manera está imitando a Jesucristo, quien no "vino para que le sirvan, sino para servir y para dar su vida en rescate por muchos" (Marcos 10:45). Kenzie da su vida para que, a través de su amor que emula a Cristo, los corazones de las personas se sientan conmovidos y llenos de hambre por su Dios. De esta forma su servicio se convierte en parte del plan redentor de Dios. Su vida es un testimonio de su amor eterno. Porque ni aun el Hijo del hombre vino para que le sirvan, sino para servir y para dar su vida en rescate por muchos.

Charles Spurgeon declaró sobre Dios: "Él es el Señor del imperio del amor, y quiere a sus siervos vestidos con... alegría"[7]. Hoy, olvídate de ti mismo mientras te pones bajo la autoridad de otros para levantarlos. Sírveles de una manera que los haga anhelar lo que tienes. Que sientan tu ternura aunque debas sacrificarte. Que tu bondad brille a pesar del dolor y las molestias. Estarás sirviendo como Jesús sirvió y esto conmoverá los corazones hacia su amor que emana a través de tus actos. Un servicio tan noble y desinteresado captará la atención del universo y hará que tu gozo rebose.

Medita: Alguien tiene una necesidad mayor que la tuya. Encuentra a esa persona herida y llena su vacío.

11
Todos son pecadores

En cuanto a las miserias y los pecados que oía a diario en el mundo, estaba tan lejos de sorprenderme de ellos que, al contrario, me sorprendía que no fueran más, considerando la malicia de la que los pecadores eran capaces. Por mi parte, oraba por ellos, pero sabiendo que Dios podía remediar los males que hacían cuando quisiera, no me inquietaba más.
—Hermano Lorenzo, *página 9*

Jesús no fue nunca despreocupado respecto al pecado humano. Siempre se enfrentó de lleno a esa oscuridad sabiendo que el pecado sería finalmente su propia muerte. Y al final, cuando el Varón de Dolores se desplomó en el Huerto de Getsemaní, exclamó con profundo dolor: "Mi alma está muy triste, hasta la muerte... Padre mío, si es posible, pase de mí esta copa" (Mateo 26:38-39 RVR60).

Esta copa de sufrimiento era tan terrible que hizo que Jesús retrocediera de horror: "Y estando en agonía, oraba más intensamente; y era su sudor como grandes gotas de sangre que caían hasta la tierra" (Lucas 22:44, RVR60). Sacudido hasta el fondo de su ser, Jesús comenzó a percibir un hedor, no en su nariz, sino alrededor de su corazón. Aun entonces, horas antes de la crucifixión, la maldad humana comenzaba a invadir su ser impecable. En ese jardín, la niña de los ojos del Padre comenzaba a teñirse del moho de nuestra maldad. Jesús estaba a punto de ahogarse en el pecado crudo y líquido mientras la ira acumulada de Dios contra la humanidad se dirigía en una sola dirección: hacia Él en el Calvario[8].

Sí, Dios remedió nuestro "mal", pero ¡a qué precio! Por eso practico la presencia de Jesús cada vez que tomo en serio el pecado y me niego a barrer bajo la alfombra de mi conciencia los pecados pequeños. Dios no permita que alguna vez catalogue de "pequeña" una ofensa que haya causado a mi Salvador un dolor inimaginable. Que jamás minimice el pecado que lo hizo sufrir.

Medita: Nunca llegarás al fondo de lo que sucedió en la cruz... pero puedes intentarlo.

12
Regresa con alabanza

Podemos continuar con Él nuestro intercambio de amor, perseverando en su santa presencia, ya sea mediante un acto de alabanza, de adoración o de deseo; ya sea mediante un acto de resignación o de agradecimiento, y de todas las maneras que nuestro espíritu pueda idear.

—Hermano Lorenzo, *página 45*

Después de que pase mucho tiempo con Jesús en el cielo, hay alguien a quien quiero conocer. Oímos hablar de él cuando Jesús viajó a través de Samaria y encontró a diez hombres con lepra. El triste y lamentable grupo estaba a lo lejos y gritaba: "¡Jesús, Maestro, ten compasión de nosotros!" (Lucas 17:13). El Señor les dijo que fueran a los sacerdotes. Acudieron y fueron limpiados, pero no agradecieron a Jesús. Bueno, excepto uno. El décimo leproso regresó "alabando a Dios a grandes voces. Cayó rostro en tierra a los pies de Jesús y le dio las gracias" (Lucas 17:15-16). Ese es el hombre al que quiero conocer.

Como el décimo leproso, yo tengo una discapacidad. Como él, he llamado a Jesús muchas veces. Incluso en voz alta, clamando: "¡Oh, Jesús, ten misericordia! ¡Ayúdame! ¡Te necesito, Jesús!". Y tantas veces como he implorado, Jesús me ha mostrado misericordia y me ha ayudado. A veces, es en forma de un amigo. Otras, se manifiesta a través del coraje y la perseverancia. Como el leproso número diez, siempre regreso corriendo al Señor para darle las gracias. Por lo general, en voz alta.

Cuanto más agradezcas a Dios, más amplio será tu corazón. Persevera en tu aprecio por los pequeños toques de Dios que normalmente pasarías por alto. Él abrirá tus ojos a sus innumerables misericordias y te bendecirá con un espíritu agradecido acorde con su grandeza. Imagino que cuando conozca al décimo leproso en el cielo, nos tomaremos de los hombros riendo, llorando y balbuceando: "¿No fue Jesús el mejor con nosotros? ¡Tan generoso y misericordioso!". Luego saltaremos de alegría como niños, haciendo que las vigas del cielo resuenen por toda la eternidad con nuestra ruidosa alabanza a Dios.

Medita: Sal fuera y hazle a Dios una lista ruidosa de las cosas por las cuales estás agradecido.

13
Una seguridad grande

Si a veces estoy un poco ausente de esa presencia divina, Dios se hace sentir en mi alma para recordármela; y esto sucede a menudo cuando estoy más ocupado en mis asuntos externos: respondo con exacta fidelidad a estos impulsos interiores, ya sea elevando mi corazón hacia Dios, con una mirada suave y cariñosa hacia Él, o con tales palabras que el amor forma en esas ocasiones; como, por ejemplo, "Mi Dios, aquí estoy, todo dedicado a Ti: Señor, hazme conforme a tu corazón". Y luego me parece... que este Dios de amor, satisfecho con tan pocas palabras, reposa de nuevo y descansa en el... centro de mi alma.
—Hermano Lorenzo, *página 39*

Cada día, mi vida es un campo de batalla cósmico donde convergen en combate las fuerzas más poderosas del universo. Por eso, me mantengo alerta a las órdenes de Cristo, "el autor de [mi] salvación" (Hebreos 2:10). Sé que practico de verdad la presencia de Jesús cuando me preparo "como buen soldado de Cristo" y "me pongo toda la armadura de Dios" (2 Timoteo 2:3-5; Efesios 6:10-18).

Después de todo, soy una amenaza para el diablo. ¡O, al menos, quiero serlo! Él no pierde su tiempo con los que son tibios. Ya ha capturado sus corazones, así que no necesita atacarlos con ferocidad. ¡Oh, permita el Señor que yo no sea nunca tibia! Cuando estoy en mi punto más bajo —cuando me siento apagada y letárgica en espíritu— me recuerdo a mí misma las realidades de la guerra: Dios nunca está ausente de mi vida; Él siempre está a mi favor. Jesús intercede constantemente por mí en mi debilidad y preserva mi alma. El Espíritu Santo no se cansa jamás de luchar por mí, de sostenerme y protegerme. Todos los santos ángeles de Dios están listos para apoyarme.

Las apuestas en esta guerra son inconmensurablemente altas, pero por lo general se libran en los campos de batalla pequeños y pasables de la vida cotidiana. Es fácil distraerse y cansarse, pero no debemos permitir que el enemigo aproveche nuestros momentos de mayor debilidad. Todo el cielo se asoma sobre las murallas y nos anima, por tanto, a que invoquemos nuestro valor para enfrentarnos a nuestro enemigo en el poder del Capitán de nuestras almas.

Medita: ¿Estás sosteniendo hoy el escudo de la fe y tienes en tu mano la espada del Espíritu?

14

Santo y pecador

A veces me consideraba ante Él como un pobre criminal a los pies de su juez; en otras ocasiones lo contemplaba en mi corazón como mi Padre, como mi Dios.
—Hermano Lorenzo, *página 28*

A menudo me siento como el Hermano Lorenzo en estas líneas. A veces me veo como una pecadora indigna de la atención de Dios. Otras veces me veo como su hija amada, felizmente acurrucada en su regazo. Entonces, ¿cuál es la verdad? La paradoja de nuestra salvación es que son ambas cosas. Vivimos en esa complejidad. Efesios 2:8 declara que ya: "Dios [nos] salvó " (esa es la parte del hijo amado), mientras que en 1 Corintios 1:18 indica que "vamos en camino a la salvación" (esa es la parte del pecador) (NTV). Eres a la vez santo y pecador. Así fue Lorenzo. Así soy yo. Crecer en madurez significa recordar que ambas cosas forman parte de nuestra realidad espiritual presente.

Ten cuidado de no celebrar al "santo" a costa del "pecador". No te veas solo como ese niño en el regazo del Señor, porque todo cambia después de decirle "sí" a Cristo como tu Señor y Salvador. Ya no es solo "Dios te ama tal y como eres", ahora es "Dios se regocija cuando mueres a los pecados que mataron a su Hijo" (ver 1 Juan 3:6). Nunca superarás al evangelio. Lo que te salvó en el pasado sigue salvándote ahora. Esfuérzate hoy por ser menos el pecador y más el santo. No te permitas la libertad de juzgarte según tus propios estándares ni pienses que Dios está satisfecho con tu forma de vivir. Júzgate por la Palabra, porque Dios no estará satisfecho hasta el día final, cuando "seremos salvados" (Romanos 5:9). Ese será el momento en que el evangelio habrá completado su gloriosa obra y estarás junto a tu Hermano y Esposo, Jesús, tan puro e impecable como él.

Medita: Sé el niño que se sienta en el regazo del Rey.
Cuando veas la dura realidad de tu pecado, corre hacia tu Padre.
Él siempre recibe a sus hijos arrepentidos.

15
Él está allí

Pero aquellos que tienen el viento del Espíritu Santo avanzan incluso mientras duermen. Si la nave de nuestra alma aún es sacudida por vientos y tormentas, despertemos al Señor, que reposa en ella, y Él calmará rápidamente el mar.

—Hermano Lorenzo, página 41

Hace años, volaba en mitad de una tormenta feroz que sacudía violentamente nuestro avión. La azafata intentaba calmar los nervios de todos, pero con cada sacudida y con cada relámpago afuera, los pasajeros hacían exclamaciones y gritaban. Todos, menos uno. Un hombre de negocios, del otro lado del pasillo, se recostó con los brazos cruzados y la cabeza inclinada. ¡Durmió como un bebé durante toda la tormenta!

Pienso en él cuando leo el relato de Jesús durmiendo durante una tormenta en un barco que estaba a punto de volcarse (Él también estaba agotado y probablemente intentaba descansar unos momentos). Mientras el barco se llenaba de agua, sus discípulos se volvían frenéticos, gritando: "Maestro... ¿no te importa que nos ahoguemos" (Marcos 4:38). Llamaban a Jesús su Maestro, pero su clamor estaba teñido de un miedo que rozaba el sarcasmo. No entendían por qué Jesús no usaba su poder para rescatarlos. Yo me siento igual cuando el dolor, como un torbellino, casi me hunde. Saber que Jesús puede no traer alivio inmediato es inquietante. Pero, me digo: "espera, Él está en el barco". A pesar de las apariencias, ese hecho significa que estoy en el lugar más seguro del mundo. Basta con que Él esté en el barco conmigo. Descansando en Él, no puedo hundirme. Ezequiel 48:35 afirma: "El Señor está allí". Podrías estar en Recursos Humanos enfrentándote a una entrevista de despido inesperado: Él está allí. O esperando en el consultorio del médico los resultados de tu resonancia magnética: Él está allí. Tu corazón puede permanecer en paz, pues "ningún agua puede tragarse el barco donde yace el Maestro de océano, tierra y cielos"[9]. Dondequiera que estés, Él está allí.

Medita: ¿Qué preocupaciones y ansiedades puedes entregar a Jesús hoy?

16
La vida espiritual

Debemos... trabajar siempre en la vida espiritual, porque no avanzar en la vida espiritual es retroceder.
—Hermano Lorenzo, página 41

¿Qué pensarías de un atleta que se salta el entrenamiento antes del gran juego? Probablemente no lo llamarías diligente. ¿O de un estudiante de décimo grado que cierra sus libros después de quince minutos de estudio? ¿Es un estudiante diligente? Para nada. ¿Y qué tal alguien que afirma querer conocer realmente a Jesús? Hebreos 11:6 declara que Dios "recompensa a quienes lo buscan". La prueba de tu deseo de conocer a Jesús es tu diligencia en buscarlo.

Si le buscamos con diligencia, entonces trabajamos en nuestra salvación con temor y temblor; actuamos en nuestra redención y la hacemos real a través de nuestras preferencias vividas en Cristo. Nos esforzamos en producir los efectos de nuestra salvación, demostrando la evidencia de nuestra filiación a través de la obediencia. Aunque lo hayamos encontrado, continuaremos buscándolo con alegría toda la vida. ¿La buena noticia? En el instante en que haces de Jesús tu búsqueda ardiente, una energía divina fluye a través de ti cumpliendo lo que Dios espera de uno de los suyos. Dios recompensará tu esfuerzo sincero con una dulce e íntima amistad con su Hijo. Semejante premio vale más que el trabajo invertido.

Medita: Cada día te estás esforzando hacia Jesús o te alejas de Él. ¿Cuál de estas dos cosas te describe a ti?

17
La obra del Reino

Debemos cumplir con nuestras tareas fielmente, sin
preocupación ni inquietud; llevando nuestra mente
de regreso a Dios con suavidad y tranquilidad,
cada vez que descubramos que se aleja de Él.

—Hermano Lorenzo, página 45

Una vez diseñé una camiseta para las mujeres que me ayudan a levantarme por la mañana. Imprimí Colosenses 3:23-24 en la parte posterior: "Hagan lo que hagan, trabajen de buena gana, como para el Señor y no como para nadie en este mundo, conscientes de que el Señor los recompensará con la herencia. Ustedes sirven a Cristo el Señor". Algunos podrían decir que bañar a alguien en una cama, vaciar un cubo de orina, limpiar moco o cepillar los dientes de otra persona, son tareas demasiado insignificantes para considerarse como trabajo del Señor. Pero estas son obras del reino. Cada tarea humilde es sagrada porque mis ayudantes están "trabajando para el Señor". A su vez yo trabajo para el Señor mientras oro por cada mujer y sus necesidades.

En lo que respecta a tu Salvador, no hay trabajos pequeños o insignificantes en su reino (que se extiende a lavanderías, dormitorios universitarios, líneas de ensamblaje y cubículos de oficina). Nada de lo que hagas en el nombre de Jesús es inútil o sin sentido. Como escribió Pablo: "Por lo tanto, mis queridos hermanos, manténganse firmes e inconmovibles, progresando siempre en la obra del Señor, conscientes de que su trabajo en el Señor no es en vano" (1 Corintios 15:58). Cuando te entregas plenamente al servicio de Jesús ningún trabajo es demasiado humilde. Cada tarea cuenta. Así que practica la presencia de Jesús hoy: sonríe y lava los platos sucios de tu compañero de cuarto.

Medita: Hoy, cuando saques la basura, canta una canción de adoración todo el camino hasta el contenedor.

18
El gozo de Dios

Juzga según esto qué contentamiento y qué satisfacción disfruto, mientras hallo en mí continuamente tan gran tesoro: ya no lo busco con ansiedad, sino que lo tengo abierto delante de mí, y puedo tomar de él lo que desee.
—Hermano Lorenzo, *páginas 39-40*

Dios está *loco* por ti. Eres su posesión atesorada, la niña de sus ojos, preciosa y honrada a su vista (Deuteronomio 7:6; Isaías 43:4; Zacarías 2:8). El deleite absoluto de Dios en ti se describe en Sofonías 3:17, que dice: "Se deleitará en ti con gozo... se alegrará por ti con cantos". Esa palabra "alegrará" significa literalmente danzar, saltar y brincar de alegría.

Pero antes de que te enamores de ti mismo y pienses que tienes a Dios en la palma de tu mano, recuerda que la alegría de Dios en ti está relacionada con la forma en que Él se siente respecto a su Hijo. Cuando Dios te ve, ve a Jesús. Dios se regocija en ti a través del impresionante carácter de Jesús; se deleita en la complejidad y la maravilla de todo lo que tu Salvador ha hecho. La alegría de Dios en ti está completamente entrelazada con Cristo, porque "Dios los ha unido a ustedes con Cristo Jesús. Dios hizo que Él fuera la sabiduría misma para nuestro beneficio. Cristo nos hizo justos ante Dios; nos hizo puros y santos, y nos liberó del pecado" (1 Corintios 1:30, NTV).

Nunca olvides que antes "éramos por naturaleza hijos de ira, lo mismo que los demás" (Efesios 2:3, RVR60). ¡Ah!, pero eso ha cambiado, porque ahora eres un hijo del Rey. Y cuando lo amas y le obedeces, te conviertes en una ofrenda dulce y fragante que le recuerda a Dios los sacrificios de su propio Hijo, lo que, a su vez, magnifica aún más la gran alegría de Dios en ti. Es un maravilloso círculo de amor, siempre elevándose hacia una mayor gloria a Jesús y una mayor felicidad en nuestros corazones.

Medita: ¿Cómo se eleva tu obediencia como una dulce fragancia ante Dios?

19
Un remedio saludable

Querido amigo, Dios te ha dado buena disposición y buena voluntad; pero aún hay en ti un poco del mundo y mucho de juventud. Espero que la aflicción que Dios te ha enviado resulte ser un remedio saludable para ti y te haga reflexionar sobre ti mismo; es un suceso muy apropiado para motivarte a poner toda tu confianza en Él, quien te acompaña a todas partes: piensa en Él tan a menudo como puedas, especialmente en los mayores peligros.

—Hermano Lorenzo, *página* 37

El Hermano Lorenzo indicó que su amigo poseía "un poco del mundo y mucho de juventud". Eso me describe perfectamente como joven de diecisiete años. Declaraba a Cristo como Señor, pero sería difícil de creerlo dado mi comportamiento con mi novio los viernes por la noche. Me sentía arrepentida por mi pecado sexual y lo confesaba cada domingo por la mañana, pero después de un año dentro de este triste ciclo, supe que estaba atrapada. La lujuria me había esclavizado y era incapaz de liberarme. Entonces leí 1 Juan 2:4: "El que afirma: 'Lo conozco', pero no obedece sus mandamientos, es un mentiroso y la verdad no está en él". ¡Dios mío, no quería seguir viviendo una mentira!

De modo que clamé: "Jesús, haz algo, ¡lo que sea! No tengo poder para cambiar mi vida por mí misma". No estoy diciendo que un cuello roto fuera la respuesta de Dios a esa oración. Sí, Hebreos 12:6 afirma que Dios disciplina a quienes ama, como un sabio padre terrenal corrige a sus hijos amados que se desvían; pero solo el cielo revelará el propósito del Señor detrás de mi accidente. Lo que sí puedo expresar sobre Hebreos 12, es que se trata de una advertencia. Es una declaración poderosa, aunque inquietante, sobre la soberanía de Dios, llena de gracia, al rescatar a su pueblo de las elecciones que le conducen a la muerte, de manera especial, a la muerte espiritual. Así que, antes de que tu desobediencia privada te esclavice, deja que esta cuadripléjica te advierta suavemente con Proverbios 19:16: "El que cumple el mandamiento cumple consigo mismo; el que descuida su conducta morirá".

Medita: Las aflicciones no siempre son la disciplina de Dios. Pero cualquiera que sea la razón, su disciplina siempre es para tu bien.

20

Estar con Dios

No es necesario estar siempre en la iglesia para estar con
Dios; podemos convertir nuestro corazón en un oratorio,
al que nos retiremos de vez en cuando para conversar con Él
con mansedumbre, humildad y amor. Todos somos capaces
de tener esa conversación íntima con Dios, algunos más,
otros menos: Él sabe lo que podemos hacer.

—*Hermano Lorenzo, página 47*

La agonía de mis aflicciones físicas a menudo puede desgastarme. A veces apenas puedo pronunciar una palabra de adoración y mucho menos pensar con claridad. Es entonces cuando mi alabanza se reduce a susurrar una frase una y otra vez: "Jesucristo, Hijo de Dios, soberano del cielo y la tierra". Respiro esas diez palabras al inhalar y exhalar ofreciendo mi adoración a Dios. Como dice el Hermano Lorenzo, Dios sabe lo que puedo hacer. Y mientras mi pequeña alabanza se eleva al cielo, mi generoso Salvador hace mucho más de lo que su naturaleza humilde merece.

Cuando mi adoración parece frágil y débil, cuando mi corazón está nublado con dudas, Jesús no golpea impacientemente el pie ni cruza los brazos, ni mira su reloj pensando: *Más vale que esta chica empiece a adorar como es debido*. Él recuerda con gracia que fui creada de simple barro. Salmos 103:13-14 me asegura que "Tan compasivo es el Señor con los que le temen como lo es un padre con sus hijos. Él conoce de qué hemos sido formados; recuerda que somos polvo". Mi alma ocupa un montón de polvo lleno de dolor, pero cuando valoro a Cristo como digno, Él engrandece mi pequeña alabanza. Incluso cuando se reduce a diez palabras, Él conoce mis intenciones y sabe que solo estoy hecha de tierra. Soy como María Magdalena, cuyas lágrimas se mezclaron silenciosamente con su simple acto de adoración perfumada. Jesús la miró con bondad y comentó sobre ella: "Hizo lo que pudo" (Marcos 14:8). Él hace lo mismo con gracia por mí y por ti.

Medita: Haz lo que puedas para llenar este día con pensamientos agradecidos hacia Dios.

21
Tesoro infinito

Me quejo mucho de nuestra ceguera y clamo a menudo que somos dignos de lástima al contentarnos con tan poco. Dios... tiene tesoros infinitos que otorgar, y nosotros nos conformamos con una pequeña devoción sensible, que pasa en un instante. Ciegos como somos, impedimos a Dios y detenemos el flujo de sus gracias. Pero cuando Él encuentra un alma penetrada de una fe viva, derrama en ella sus gracias y favores abundantemente.
—Hermano Lorenzo, *página 40*

Recientemente mi cuidadora de los domingos por la noche se mudó fuera de la ciudad y me preocupé por quién la reemplazaría. Puse esta necesidad en oración y, a su debido tiempo, Dios proveyó un nuevo ayudante. De hecho, dos ayudantes. Filipenses 4:19 nos asegura que "Dios [nos] proveerá de todo lo que necesite[mos], conforme a las gloriosas riquezas que tiene en Cristo Jesús". Nuestra mayor necesidad nunca podrá superar los recursos abundantes que tenemos en Cristo. Él es inconmensurablemente rico; es la vasta y única fuente de ayuda para cada necesidad. Solo Jesús puede satisfacer una necesidad con "una medida llena, apretada, sacudida y desbordante" (Lucas 6:38). ¡Por eso se ve tan glorioso nuestro Salvador!

El puritano Thomas Brooks describe perfectamente el manantial de riquezas que tenemos en Cristo:

> En un Jesús crucificado hay algo proporcional a todas las dificultades, carencias, necesidades y deseos de su pueblo pobre. Él es pan para nutrirlos, y un vestido para cubrirlos y adornarlos, un médico para sanarlos. [Jesús es] un consejero para asesorarlos, un capitán para defenderlos, un príncipe para gobernar, un profeta para enseñar y un sacerdote para hacer expiación por ellos; un esposo para proteger, un padre para proveer, un hermano para aliviar. [Jesús es] un fundamento para sostener [a su pueblo], una cabeza para guiar, un tesoro para enriquecer, un sol para iluminar y una fuente para limpiar. Ahora, ¿qué más puede desear un cristiano para satisfacerlo y salvarlo, para hacerlo santo y feliz en ambos mundos?[10]

Medita: ¿Te está incomodando alguna necesidad? Pídele a Dios que la llene en su perfecta voluntad y tiempo.

22
Dolor, desarmada

No oro para que seas liberado de tus dolores; sino que oro a Dios fervientemente, para que te dé fuerza y paciencia para soportarlos todo el tiempo que Él quiera.
—Hermano Lorenzo, *páginas* 53-54

Las personas que corren maratones con regularidad aprenden a convivir con el dolor. Le quitan su terror familiarizándose con sus matices y características distintivas. No intentan vencer el dolor. En cambio, lo llevan consigo gestionándolo y minimizándolo lo mejor que pueden. Yo hago lo mismo. Cuando el dolor se vuelve agonizante no le temo. Respiro profundamente y entro en él, como los tres hebreos que entraron en el horno ardiente de Nabucodonosor. Espero encontrarme con Jesús en como ellos se encontraron con el Hijo de Dios en medio de las llamas.

Espera encontrarte con Jesús en tu dolor y ciertamente lo harás. Porque Él ya ha entrado en ese lugar terrible antes que tú. Lo transformó con su poder y su presencia, y salió del otro lado. Desarraigó su temor y dejó ese lugar convertido en uno de resurrección y esperanza. Así que, respira hondo y adéntrate en tu agonía anticipando que verás a Jesús. Él te dará valor para mirar deliberadamente el dolor a la cara, estudiar sus rasgos severos y entrar sin miedo. Sobre todo ten paciencia. Enfrenta tu miedo en silencio y con firmeza. Afianza tu alma y déjale saber al dolor con calma, que no podrá abrumarte. Tu Salvador asegura: "Cuando camines por el fuego, no te quemarás... Yo soy el Señor tu Dios, el Santo de Israel, tu Salvador" (Isaías 43:2-3). Al acercarte al dolor de esta manera, la incomodidad se alivia. En tu lugar más infernal puedes encontrarte con el Rey del cielo.

Medita: Incluso el dolor más infernal puede ser celestial cuando encuentras a Jesús en él.

23
Confía en el Salvador

Estoy muy complacido con la confianza que tienes en Dios:
deseo que Él la aumente en ti cada vez más; no podemos
tener demasiada confianza en un Amigo tan bueno y fiel,
que nunca nos fallará ni en este mundo ni en el próximo.
—Hermano Lorenzo, página 52

La Biblia me dice que Jesús es más maravilloso, deleitoso y placentero de lo que puedo imaginar. Aunque es "inimaginable", la Biblia aún me insta a seguir buscando el deleite interminable en Jesús, porque "en tu presencia hay plenitud de gozo; delicias a tu diestra para siempre" (Salmos 16:11 RVR60). Me frustra y me disgusta tanto cuando ignoro a Jesús y cedo fácilmente a placeres mundanos, fantasías absurdas o entretenimiento banal y embotador. Ya sé que estas cosas no satisfacen mi alma (solo la adormecen). De manera que me propongo intensificar la lucha para seguir eligiendo a Cristo. Vuelvo al cuadrilátero con renovado vigor y empleo todas mis fuerzas para permanecer satisfecha en mi Salvador. ¡No me rendiré tan fácilmente cuando sé que hay un gozo pleno y máximo en el Señor esperándome!

Es una lucha confiar en Jesús. Debo confiar en que todo lo que mi corazón podría desear está envuelto en Él y que es muy superior a cualquier cosa que el mundo ofrezca. No creer esto es demostrar una completa falta de confianza en mi Salvador. ¡Oh, cuánto anhelo que mi confianza en Él tenga la delantera en mi corazón! Así que clamo: "¿A quién tengo en el cielo sino a ti? Si estoy contigo, ya nada quiero en la tierra" (Salmos 73:25). Hazme creer esto, querido Jesús. Hazme probar cuán satisfactorio eres, el Pan de Vida, en verdad. ¡Que tu Palabra siga alimentando el apetito de mi fe por ti y solo por ti!

Medita: Pelea hoy la buena batalla y asesta un golpe decisivo contra los deseos mundanos.

24
Un corazón limpio

Creo que es apropiado informarte de la manera en que me considero ante Dios, a quien contemplo como mi Rey. Me considero el más miserable de los hombres, lleno de llagas y corrupción, y que ha cometido todo tipo de crímenes contra su Rey; tocado por un sentido de arrepentimiento, le confieso toda mi maldad, le pido perdón, y me abandono en sus manos, para que Él haga lo que le plazca conmigo.
—Hermano Lorenzo, *páginas 33-34*

No hace mucho mi esposo, Ken, estaba tratando de encontrar algo en el garaje y en su búsqueda literalmente lo desmanteló. Abrió cajas, volcó cubos, revisó archivos y dio vuelta a las bolsas. El garaje fue saqueado, pero al final Ken encontró el objeto preciado; la búsqueda resultó fructífera.

Pienso en el frenético enfoque de Ken cuando leo Salmos 139:23-24, que dice: "Examíname, oh Dios... Fíjate si voy por un camino que te ofende". ¡Que tengamos ese mismo enfoque fervoroso al buscar nuestros pecados ocultos! Pueden ser fácilmente encontrados, ya que cuanto más conectamos nuestros pecados a los clavos que fueron clavados en el cuerpo de nuestro Mejor Amigo, más urgente se vuelve nuestra búsqueda de ellos. Jeremías 17:9 declara: "El corazón es engañoso más que todas las cosas, y perverso; ¿quién lo conocerá?" (RVR60). Bueno, el Espíritu Santo lo entiende muy bien. Incluso un corazón redimido está en complicidad con el pecado. Practico la presencia de Jesús cuando le pido que encienda su luz de búsqueda-y-destrucción en lo más profundo de mí. Juntos saqueamos mi corazón de una cámara a otra. Ninguno de los dos quiere que una red de pecados ocultos ahogue mi devoción sincera hacia Él. Siempre que Jesús expone una malla de transgresiones entrelazadas, oro: "Arráncalo, Señor. Y si me encuentras jugando con este pecado de nuevo, ¡golpéame con culpa! Haz esto por el nombre de tu gloria". Practica la presencia de Jesús así, porque no hay misión más fructífera que tener un corazón limpio.

Medita: Lanza una misión de búsqueda y destrucción contra las cosas que decepcionan a Dios en tu vida.

25
Cerca

No necesitas gritar muy alto; Él está más cerca de lo que somos conscientes.
—Hermano Lorenzo, *páginas* 46-47

Décadas atrás estaba viendo a los astronautas mientras reparaban el Telescopio Espacial Hubble. La NASA explicó que era una cuestión de vida o muerte que los astronautas permanecieran atados al transbordador espacial. Si de alguna manera se desprendían no había forma de que pudieran "nadar" de regreso a un lugar seguro, aunque el transbordador estuviera tan solo a unos centímetros de distancia. A gravedad cero y sin un objeto contra el cual pudieran empujar para regresar a su nave, quedarían varados en el espacio. La idea me aterrorizó.

El colmo del terror es sentir que la distancia entre tú y Dios es infranqueable. Que eres irrecuperable e inalcanzable, un pecador sin esperanza en manos de un Dios airado. Que tu fracaso moral te ha puesto en una órbita separada de Él con un universo entero entre ambos. No pienses que un abismo inmenso de ira te separa de Dios. Sí, es verdad que Él es grande y soberano, pero también está lleno de bondad, ternura, gentileza y compasión. Cuando Dios se reveló a Moisés no mostró su ira contra el pecado. En su lugar, proclamó: "El Señor, el Señor, Dios compasivo y misericordioso, lento para la ira y grande en amor y fidelidad, que mantiene su amor hasta mil generaciones después y que perdona la maldad, la rebelión y el pecado" (Éxodo 34:6-7).

Dios se dedica a rescatar a los inalcanzables y recuperar a los irrecuperables. La misericordia divina te alcanza a través del tiempo y del espacio para atarte a Él, tu único lugar seguro. Dios es así de bueno. Está así de cerca.

Medita: Maravíllate de que Dios haya cruzado el tiempo, el espacio y galaxias infinitas para alcanzarte.

26
Persevera en sus promesas

Todo consiste en una renuncia sincera de todo aquello que,
al darnos cuenta, no nos conduce a Dios; para que podamos
acostumbrarnos a una conversación continua con Él,
con libertad y sencillez. Que solo necesitamos reconocer
a Dios íntimamente presente con nosotros y dirigirnos
a Él en cada momento.
—Hermano Lorenzo, *páginas 19-20*

RECONÓCELO EN TODOS TUS CAMINOS
Y ÉL ENDEREZARÁ TUS SENDAS.
PROVERBIOS 3

Las promesas de Dios me dan alas. No solo dan forma y definición a mi vida en general, sino también de manera específica a mis días. Practicar la presencia de Jesús es despertarse cada mañana y elegir una promesa bíblica para vivir durante el día. Solo una promesa. Supongamos que me despierto sintiéndome débil y con necesidad de fortaleza. Podría elegir 2 Crónicas 16:9: "El Señor recorre son su mirada toda la tierra y está listo para ayudar a quienes le son fieles". Entonces, a lo largo de la mañana soy consciente de que Dios está obrando para fortalecerme. O si sufro dolor físico podría elegir Salmos 34:19: "Muchas son las angustias del justo, pero el Señor lo librará de todas ellas". A continuación durante todo el día confío en que Dios me librará del desaliento y la derrota. ¡Él promete que lo hará!

Esta es la forma de vivir cristiana. Una promesa diaria me evita caer en un enfoque ambiguo o sin dirección para la vida. Una promesa diaria se convierte en una línea de referencia para mis actitudes y acciones. Comenzar cada mañana con una promesa bíblica le añade gran valor a mi día y me ayuda a aprovechar las oportunidades, a desarrollar carácter y glorificar a Dios. Así que practica la presencia de Jesús permaneciendo en una de sus promesas: "Todas las promesas que ha hecho Dios son 'sí' en Cristo. Así que por medio de Cristo respondemos 'amén' para la gloria de Dios" (2 Corintios 1:20). ¡Elige una promesa y aprovecha el día!

Medita: Memoriza tres promesas esta semana. Las tendrás a mano cuando las necesites.

27
Bienaventurados los que sufren

Consuélate con Aquel que te mantiene sujeto a la cruz:
Él te soltará cuando lo considere adecuado. Felices aquellos
que sufren con Él: acostúmbrate a sufrir de esa manera
y busca en Él la fortaleza para soportar lo que Él juzgue
necesario para ti y durante el tiempo que haga falta.
—*Hermano Lorenzo, página 54*

La verdadera felicidad es difícil de alcanzar. Muchos cristianos se conforman con las alegrías menores y más accesibles de nuestra cultura. Pero cuanto más nos saturamos con placeres terrenales, más embotadas se vuelven nuestras mentes, empapadas y sumergidas en deseos mundanos hasta el punto de que apenas sabemos lo que nuestras almas necesitan realmente. Luego, interpretamos la aprobación de un préstamo, un ascenso en el trabajo o la victoria del equipo local como gloriosas bendiciones enviadas desde lo Alto. ¿Pero lo son?

Jesús tiene en mente bendiciones más profundas para nosotros. No son tan "físicas" como las bendiciones del Antiguo Testamento: en aquel entonces, Dios bendecía a su pueblo con enemigos aniquilados, vientres abiertos, cosechas abundantes, lluvias generosas y aljabas llenas de hijos. Jesús adopta un enfoque diferente. Ubica las bendiciones más cerca del dolor y del sufrimiento. En su sermón más famoso enumera las siguientes bendiciones: la pobreza espiritual de manos vacías, un corazón pesado de tristeza, un espíritu humilde y perdonador, el rechazo del pecado y la experiencia de la persecución (ver Mateo 5:3-10).

¿Cómo podemos entender estas cosas difíciles como bendiciones? Me siento bendecida por la forma en que mi sufrimiento me ha llevado a los rincones más íntimos del corazón de Dios y ha cerrado la puerta al mundo. En ese lugar solitario de encuentro con Dios, comenzaron a brotar nuevos deseos por Jesús en mi alma. Mi amor, mi devoción y un respeto sobrio por mi majestuoso Salvador, comenzaron a expandir mi capacidad para Él. Encontré una esperanza viva en el cielo y el deseo de vivir una vida santa. ¡Y no podría imaginar mejores bendiciones!

Medita: ¡Pídele a Dios que enfoque tus bendiciones en lo eterno y no en lo material!

28
Bondad en el sufrimiento

Creo que no solo es imposible que Dios pueda engañar,
sino también que permita por mucho tiempo que un alma
sufra, si está perfectamente resignada en Él y decidida
a soportarlo todo por amor a Él.
—*Hermano Lorenzo, página 17*

Haciéndome eco de las palabras del Hermano Lorenzo, Dios nunca permitirá que un alma cristiana sufra daño. Tal vez pienses: "Espera, conozco a muchos creyentes cuyo sufrimiento los volvió amargados; sus aflicciones no hicieron bien alguno a sus almas". Cuando se enfrentan al sufrimiento, muchos cristianos incluso utilizan las palabras de Jesús para cuestionar los propósitos de Dios. Estas personas no pueden comprender cómo se puede equiparar el sufrimiento con el bien.

> ¿Quién de ustedes, si su hijo pide pan, le da una piedra? ¿O si pide un pescado, le da una serpiente? Pues si ustedes, aun siendo malos, saben dar cosas buenas a sus hijos, ¡cuánto más su Padre que está en los cielos dará cosas buenas a los que le pidan! (Mateo 7:9-11).

He vivido más de medio siglo como cuadripléjica y casi el mismo tiempo con dolor crónico, pero ni una sola vez Dios ha permitido algo que haya dañado mi alma. Sí, mi cuerpo ha sido lastimado, ¡pero nunca mi alma! Dios solo permite aquellas cosas que están diseñadas para fortalecer mi alma, ampliar su capacidad para Él mismo y aumentar su hambre y sed de la gracia de Jesús.

Así que, para todos los que cuestionan la bondad de Dios en su sufrimiento, el Espíritu de Jesús nos advierte en Hebreos 12:15: "Asegúrense de que nadie quede fuera de la gracia de Dios, de que ninguna raíz amarga brote y cause dificultades y corrompa a muchos".

Medita: En Jeremías 32:40, Dios está hablando de ti cuando dice: "Nunca dejaré de hacerles bien" (NTV).

29
Anhelo por Jesús

Debemos amar a nuestros amigos, pero sin invadir el amor
de Dios, que debe ser lo principal.
—Hermano Lorenzo, *página 53*

A veces me veo a mí misma como doce cucharadas de café tostado oscuro a través de las cuales gotea la gracia de Dios, llevando el rico sabor de Jesús a las vidas de los demás. Igual que el aroma y el sabor de un buen café, quiero que mi vida en Cristo Jesús cautive a todos aquellos a los que toco. Deseo cultivar en ellos un gusto por Jesús. Ya sea que ore por ellos, los anime, los amoneste o simplemente los bendiga, mi esperanza es que otros puedan experimentar a Jesús a través de mí.

Aunque Dios sigue siendo preeminente en mis pensamientos y, espero que en mis motivaciones, no veo mi vida en Cristo y con los demás como una jerarquía del tipo: Dios primero; familia, segundo; amigos, tercero; compañeros de trabajo, cuarto; y para terminar, yo al final. Mi amor por Cristo y por los demás es más homogéneo que todo eso. Más fluido, como el café. Cuando elaboras un hábito diario de practicar la presencia de Jesús, tu influencia impregnada de Cristo se desborda inevitablemente en la vida de los demás, porque Él declaró: "De aquel que cree en mí, como dice la Escritura, de su interior brotarán ríos de agua viva" (Juan 7:38). Mantente cerca de Jesús y su corriente vivificante llenará tu corazón, brotará como una fuente extática de alabanza al Padre y fluirá como un río constante de aliento hacia todos los que te rodean trayendo frescura y renovación. Amar bien a Cristo es amar bien a todos, porque hay "un solo Dios y Padre de todos, que está sobre todos y por medio de todos y en todos" (Efesios 4:6).

Medita: ¿Cómo pueden saturar tus palabras y tus acciones a otros con el amor de Jesús hoy?

30
Pase lo que pase

Si supiéramos cuánto nos ama, siempre estaríamos listos para recibir con igual disposición e indiferencia de su mano tanto lo dulce como lo amargo; todo lo que venga de Él nos agradaría.
—Hermano Lorenzo, *páginas 61-62*

Después de perder a su familia, sus bienes, su salud, su estatus en la comunidad y el respeto de su esposa, Job hace esta asombrosa declaración en Job 2:10: "¿Recibiremos de Dios el bien, y el mal no lo recibiremos?" (RVR60). Una persona solo dice esto si siente un respeto alto y saludable a la vez que temor hacia Dios.

Cuando me rompí el cuello, me llevó mucho tiempo poder estar de acuerdo con Job y no solo aceptar lo bueno de Dios, sino también los muchos problemas que mi silla de ruedas acarreó. Las cosas cambiaron cuando me di cuenta de que no eran mis problemas de silla de ruedas. Eran los problemas de Dios. Ese hecho solo infundió una gran cantidad de asombro en mi visión de Él. Era el Todopoderoso con quien yo trataba y, aunque todavía no entendía sus caminos, decidí que prefería recibir problemas de la mano izquierda de Dios que no recibir nada en absoluto. Deuteronomio 29:29 me señaló: "Lo secreto pertenece al Señor nuestro Dios, pero lo revelado nos pertenece a nosotros... para que obedezcamos todas las palabras de esta ley". Puede que no entendiera las cosas secretas de Dios, pero podía comprender las cosas reveladas de Dios: Jesús murió por mí y me ama, y así demostró que siempre se puede confiar en Él con los problemas que Él envía. Si estás perplejo por los caminos secretos de Dios en tus problemas filtrémoslo todo siempre a través de Jesús, el Camino en quien se puede confiar... cualquiera que sea la circunstancia.

Medita: En este mundo tendremos problemas... pero Jesús puede manejarlo por ti.

31
El mayor de los pecadores

Que debemos, sin ansiedad, esperar el perdón de nuestros pecados por la Sangre de Jesucristo, procurando amarlo solamente con todo nuestro corazón. Que Dios parece haber concedido los mayores favores a los mayores pecadores, como monumentos más señalados de su misericordia.

—Hermano Lorenzo, página 15

Me veo temblando de pie y con los ojos vendados frente al pelotón de fusilamiento, culpable, condenada, a punto de ser ejecutada por mis pecados. Entonces, un hombre amable me aparta, me retira la venda y empieza a ponérsela él mismo hablándome directamente y manifestándome: "Te amo y estoy tomando tu lugar". Pero antes de ponerse frente a las armas, levanta su venda, me mira a los ojos y dice con gran pasión: "Ahora, comparte con otros lo que he hecho por ti y diles que mi amor hará lo mismo por ellos". Luego, cruzando las manos detrás de su espalda, se endereza, se pone frente al pelotón y ordena con valentía: "¡FUEGO!".

Así es como veo lo que Cristo hizo por mí. No solo ocupó mi lugar en la cruz (o ante el pelotón de fusilamiento, el cadalso o la guillotina), sino que también recibió la bala sin inmutarse y con un amor tan exquisito. Me hace cantar "¡Asombroso amor! ¿Cómo puede ser? … ¡Porque, oh mi Dios, me encontró a mí!"[11]. Semejante amor me hace querer cambiar y ser una Joni mejor que la de ayer. Una Joni más sabia que cae de rodillas humillada a los pies de la cruz; más obediente, más entregada a Dios. Me esfuerzo por ser una Joni intransigente cuando se trata de deshacerme de los pecados que pusieron a mi Salvador frente a su "pelotón de fusilamiento". Juntos, seamos aquellos que aman a Cristo como lo expresa 1 Juan 4:19: "Nosotros amamos, porque él nos amó primero". Luego, corramos a compartir ese amor de buenas nuevas con los demás.

Medita: Canta tu canción de adoración favorita a Dios en respuesta a las reflexiones de hoy.

32
Alabanza de su gloria

Renunciemos, renunciemos generosamente, por amor a Él,
a todo lo que no es Él; Él merece infinitamente más.
Pensemos en Él perpetuamente.
—Hermano Lorenzo, página 51

¿Por qué fuiste salvado? ¿Por qué fui elegido? ¿Para qué nacimos? Estas son preguntas más grandes que la vida, pero sus respuestas son simples. Solo lee 1 Pedro 2:9. Mucho antes de que se creara el universo, Dios te llamó de las tinieblas a su luz maravillosa para que pudieras proclamar las excelencias de Jesús. Ese mismo llamado se da en Efesios 1:11-12: "En [Jesús] también fuimos predestinados... a fin de que nosotros... seamos para la alabanza de su gloria". Naciste para hacer que Jesús se vea grande. Fuiste salvado para demostrar a otros su fidelidad. Y fuiste elegido para compartir esta buena nueva con todos.

Una vez que empieces a vivir de esta manera, serás para la alabanza de su gloria. Así que empieza a hacer que Jesús se vea bien con tu forma de vivir. Con cómo tratas a tu esposo, a tu esposa, a tus hijos. Hazlo ver bien siendo honesto. Pensando lo mejor de los demás y no llevando cuenta de los errores de las personas. Subyugando los pensamientos rebeldes. Y realmente haces brillar a Jesús confiando en Él, porque entonces estás demostrando que su Palabra es del todo confiable. Él realmente es tan bueno como la Biblia afirma que es. Y cuanto más difícil parezca confiar en Él, mejor se ve cuando lo haces.

En el cielo, ¡todo será tan natural! Alabarlo allí será algo sin esfuerzo, porque finalmente entenderemos la profundidad de su gracia al cubrir lo peor de nuestro pecado. Así que empieza a practicar para ese glorioso día. Es nuestra ocupación principal en la tierra. Es la primera razón por la que Dios nos salvó.

Medita: ¿De qué maneras puedes hacer que Jesús se vea bien a los ojos de los demás?

33
Confiar en Jesús

Esperaba, de ahora en adelante, algún gran dolor de cuerpo o de mente... lo peor que podría sucederme era perder ese sentido de Dios que había disfrutado tanto tiempo.
—Hermano Lorenzo, *página 18*

Cuando contraje el Covid en 2020, pensé que era una sentencia de muerte. Pero años lidiando con la cuadriplejia me habían enseñado cómo cargar incluso con esta cruz. Cuando confié en Jesús para que me guiara y se lo entregué todo (aunque eso significara la muerte), pude sentir cómo mi Salvador tomaba gentil y firmemente posesión de mi corazón y comenzaba a hacer su obra. Acostada en la cama con el virus peligroso, luchando por respirar, era como si el Señor me estuviera presionando: "Joni, ¿crees que nunca te abandonaré? ¿Que soy tu ayuda siempre presente en este problema? ¿Que dudar solo empeora las cosas? ¿Crees que mi gracia es suficiente, te lleve a casa o decida que permanezcas aquí? ¿Confías en mí?". Grité: "¡Señor, ¿a dónde más iré? ¡Tú tienes palabras de vida!". En las horas siguientes, sentí una calma extraña, casi una indiferencia hacia lo que pudiera doler o cómo terminaría todo. Jesús me metió en su refugio seguro para que pudiera descansar en Él. Y experimenté lo que G. D. Watson describió una vez:

> Cuando el alma sufriente llega a una calma, una dulce indiferencia, cuando puede sonreír interiormente ante su propio sufrimiento y ni siquiera le pide a Dios que la libere del sufrimiento, entonces ha cumplido su bendita misión... entonces [la cruz que llevas] comienza a tejerse en una corona[12].

Cuando entregamos nuestro sufrimiento a Jesús y nos hundimos en su voluntad difícil, Él hace que cada dolor cumpla su propósito perfecto en nuestras vidas.

Medita: Mira en retrospectiva a las cruces dolorosas que has llevado. ¿De qué manera son ahora coronas?

34
Orar la Palabra de Dios

No te aconsejo que uses una multiplicidad de palabras
en la oración; muchas palabras y largos discursos son
a menudo ocasiones de distracción: mantente en oración
ante Dios, como un mendigo mudo o paralítico
a la puerta de un hombre rico.
—Hermano Lorenzo, páginas 48-49

Los fariseos solían emplear la Palabra de Dios en sus oraciones, pero por todas las razones equivocadas. Eran hipócritas que disfrutaban mostrando cuánto sabían. Oraban para impresionar a Dios y a los demás. Pero esto no significa que no debamos usar la Palabra de Dios en nuestras oraciones...

La Biblia subraya dos cosas que Dios honra por encima de todo: su nombre y su Palabra. Así que, si oramos "en el nombre de Jesús", ¿no deberíamos también orar "en la Palabra"? Por ello me gusta sazonar mis alabanzas e intercesiones con frases de la Biblia. La Palabra de Dios está viva y activa, por lo que "orar con la Palabra" da una vitalidad dinámica a tu adoración e intercesión.

"'¿No es acaso mi palabra como fuego y como martillo que pulveriza la roca?', afirma el Señor" (Jeremías 23:29). La Biblia es el martillo que puedes usar para derribar fortalezas espirituales. Es el lanzallamas que quema los argumentos del enemigo. En 1 Tesalonicenses 2:13 se habla de "la palabra de Dios que... actúa en ustedes los creyentes". Si su Palabra obra en nuestras vidas, ¡cuánto más obrará en nuestras oraciones por el reino! Así que ora Salmos 62:8 por un amigo que está lleno de dudas. Ora Santiago 1:3 si se necesita paciencia. Este tipo de oración cultiva el coraje, involucra tu corazón y agranda tu fe. Haz esto y da a tus oraciones una familiaridad divina que te marca como siervo de Dios que sabe usar correctamente el libro de oraciones más poderoso jamás escrito: la Biblia.

Medita: Hoy sé intencional al usar fragmentos de las Escrituras en tus oraciones.

35
La práctica de la presencia

Si yo fuera predicador, por encima de todas las demás cosas, predicaría la práctica de la presencia de Dios; y si fuera director, aconsejaría a todo el mundo sobre ello: tan necesario me parece, y tan fácil también.
—Hermano Lorenzo, página 43

Dios nos creó para su gloria, por lo que cuando vivimos para ella estamos haciendo justamente aquello para lo que Él nos diseñó. ¡Y qué gozo! Vivo con parálisis y dolor, pero ¡siento tal placer cuando confío en Dios durante los momentos difíciles! Estoy felizmente haciendo aquello para lo que me creó y eso le brinda gloria. No puedo pelar una naranja ni dar un paseo rápido, pero encuentro un gozo indescriptible en un millón de otras bendiciones que Él me proporciona. O cuando triunfo sobre la tentación, siento un gran gozo en mi obediencia. Es porque Dios me creó para obedecerlo y soy feliz cumpliendo con su diseño. Finalmente, cuando le presento a Jesús y su evangelio a alguien, experimento un placer enorme al hacer quizá lo más fundamental para lo que Dios me creó: compartir su buena nueva con un mundo perdido.

Mi corazón se alegra cuando vivo para la gloria de Dios (es la manera en que Él lo tiene pensado). Es cuando más soy yo misma. Es decir, soy quien Joni debe ser cuando me asombro ante uno de sus atardeceres, sus cascadas o sus montañas. Estoy cumpliendo con el propósito que Dios diseñó para mí, estoy glorificando a Dios al resplandecer con alegría sobre su genialidad creativa. Practica la presencia de Jesús de esta manera todos los días, haciendo de 1 Corintios 10:31 tu guía, porque "ya sea que coman o beban o hagan cualquier otra cosa, háganlo todo para la gloria de Dios". Este es el secreto de practicar la presencia de Jesús.

Medita: ¿De qué manera vivirás para la gloria de Dios hoy?

36

Corre a Jesús

¡Ah! Si supiéramos cuán grande es nuestra necesidad
de la gracia y de la ayuda de Dios, nunca lo perderíamos
de vista a Él, ni siquiera por un momento.
—*Hermano Lorenzo, página 43*

A veces siento que quiero gritar: "¡Oh, Jesús, sálvame! El mundo, la carne y el diablo me están persiguiendo, buscando devorar mi alma". Ahora, podrías pensar, *¡Qué exageración tan ridícula! Relájate, Joni y perdónate a ti misma.* Pero no lo creo. He visto hasta dónde me puede llevar un clic y un desplazamiento, cómo una canción en una vieja lista de reproducción me puede arrastrar o cómo un poco de competitividad puede arruinarme. He sido testigo de mi alma en su peor momento, comparando y compitiendo, llenándose con las insípidas ofertas de este mundo. Jesús pagó un precio demasiado alto por mí como para desperdiciar mi alma comprada con su sangre en las mismas cosas que lo destrozaron en la cruz. Por eso me aferro a 1 Pedro 4:1-2:

> Por tanto, ya que Cristo sufrió en el cuerpo, asuman también ustedes la misma actitud; porque el que ha sufrido en el cuerpo ha roto con el pecado, para vivir el resto de su vida terrenal no satisfaciendo sus pasiones humanas, sino cumpliendo la voluntad de Dios.

Cuando corro a Jesús en mi debilidad, estoy apelando a la fuerza de Dios. Y Él responde al instante envolviéndome en sus brazos protectores. Una vez que estoy allí, el mundo, la carne y el diablo con todos sus demonios menores no se atreven a tocarme. Cuando me reconozco "en Cristo", la voz estridente de mis apetitos, la vacuidad de la autosuficiencia y todos los perros del Adversario no pueden dañarme. No es una exageración: el mundo, la carne y el diablo están decididos a ir detrás de ti, así que ármate con resolución. Vivamos para la voluntad de Dios.

Medita: No temas al mundo, a la carne y al diablo. Jesús es más grande que todos ellos.

37
Esfuérzate al máximo

Espera en Él más que nunca: agradece conmigo por los favores que Él te da, especialmente por la fortaleza y paciencia que te otorga en tus aflicciones: es una clara señal del cuidado que Él tiene por ti; consuélate, pues, con Él y da gracias por todo.
—Hermano Lorenzo, página 36

Es fácil suponer que la vida cristiana se desarrollará en nosotros de forma automática, como si estuviéramos en una máquina de *pinball*, rebotando entre las circunstancias y pensando que acabaremos lográndolo (y finalmente entenderemos esto del cristianismo). Pero la vida en Cristo no es así. En 2 Pedro 1:5-6 se insiste en que los creyentes se esfuercen por añadir "a su fe virtud; y a la virtud, conocimiento; al conocimiento, dominio propio; al dominio propio, perseverancia, y a la perseverancia, piedad" (NBLA).

Aprendí a "hacer todo esfuerzo" cuando vivía en nuestra granja en Maryland. Me sentaba en mi silla de ruedas junto a la ventana, mirando el campo, deseando poder ir al establo, montar a caballo y salir a pasear. Pero no me atrevía a permitir que mis pensamientos se desvanecieran en una fantasía sin sentido, así que rezaba algo parecido a esto: "Jesús, en el fondo sé que la autocompasión está mal y quiero hacer lo correcto. Así que me estoy poniendo las espuelas y sacando mis emociones de su establo sombrío, llevándolas a la luz del día y al sendero de la gratitud. Mis sentimientos no quieren ir allí; preferirían quedarse en el establo. Pero como jinete con freno y látigo, estoy dirigiendo mis tercos sentimientos hacia el camino correcto. Y mientras lo hago, por favor, Jesús, recompénsame con un corazón agradecido. Ayúdame no solo a hacer, sino a sentir lo correcto".

Medita: Si hoy te sientes un poco perdido espiritualmente, sigue el sendero de 2 Pedro 1:5-6.

38
La profesión cristiana

No te olvides de Él, piensa en Él a menudo, adóralo continuamente, vive y muere con Él; este es el glorioso cometido de un cristiano; en resumen, esta es nuestra vocación, y si no la conocemos, debemos aprenderla.
—*Hermano Lorenzo, página 53*

Es comprensible que el pueblo de Dios no quiera conformarse con la mediocridad, por lo que siempre estamos buscando una causa digna y noble a la que podamos entregarnos. Algo que haga realidad nuestro alto llamado como seguidores de Cristo, tal vez una plataforma donde nuestros dones espirituales puedan brillar y dar a Dios la mayor gloria. El pueblo de Dios está invirtiendo una cantidad desmesurada de energía y tiempo buscando algo más allá de lo que ya tienen.

Quizás no lo sepamos, pero lo más probable es que ya poseamos esa plataforma, esa esfera de influencia o ese ministerio ejemplar. El Dios Todopoderoso ya nos ha llamado a ser parte de la obra más poderosa de transformación en la historia del universo. Es la misma obra global por la cual Cristo vivió y murió (es tan importante). No hay nada que podamos alcanzar con nuestro esfuerzo que sea más digno o que honre más a Dios. ¿Qué es esta obra que sacude el cielo? Dios nos pide asociarnos con Él en un plan redentor sumamente personal: Él quiere que hablemos a nuestros vecinos, familiares, compañeros de trabajo, compañeros de clase y amigos sobre la salvación en Jesucristo. Es un llamado que involucra preocupaciones cósmicas como la vida y la muerte. No hay trabajo más alto ni más noble que difundir las buenas nuevas de Jesús. Y comenzamos a hacer esta obra viviendo simplemente con fidelidad.

Es tu propósito y el mío. No te quedes sentado esperando que suceda algo más emocionante.

Medita: ¿Quién en tu esfera de influencia necesita conocer a Jesús? Ayúdales a encontrar la seguridad eterna.

39

La copa de aflicción

Los hombres del mundo no comprenden estas verdades sobre el sufrimiento, y no es de sorprender, ya que sufren como lo que son, y no como cristianos: consideran la enfermedad como un dolor para la naturaleza, y no como un favor de Dios; y viéndola solo desde esa perspectiva, no encuentran en ella más que tristeza y angustia. Pero aquellos que consideran la enfermedad como venida de la mano de Dios, como efecto de su misericordia y el medio que Él emplea para su salvación, suelen encontrar en ella gran dulzura y consuelo sensible.

—*Hermano Lorenzo, página 54*

Como Jesús en el Huerto de Getsemaní, he pedido al Padre que retire mi copa de sufrimiento. Pero a diferencia de Él, que solo rogó tres veces, yo he suplicado incontables veces. Poco a poco, con los años, comencé tímidamente a beber mi copa de aflicción. Cuando parecía que la había bebido hasta los sedimentos, me di cuenta de que abrazar la voluntad difícil de Dios con un espíritu agradecido es la más alta expresión de fe en Él y la experiencia más gloriosa que un cristiano puede tener.

Cuando nuestro Salvador bebió voluntariamente esa horrenda copa, demostró una obediencia suprema a su Padre. La fe inquebrantable de Jesús demostró cuánto valoraba a Dios por encima de su propia voluntad. Lo mismo puede ser cierto para nosotros. Beber la copa que Dios te ha asignado abre el camino a los deleites más gloriosos de la vida cristiana y muestra que valoras la voluntad de Dios por encima de la tuya. También demuestra la profundidad de tu amor por Él, mientras acallas todas las quejas y bebes tus duras circunstancias hasta el final. Está claro para todos, en especial para el mundo que observa, que lo valoras a Él mucho más de lo que te ha costado el sufrimiento. Estás siguiendo los pasos de Jesús, quien salió de Getsemaní, cargó su cruz y subió tambaleante por la colina sangrienta del Calvario. Dios Padre glorificó a Jesús por su obediencia y Dios magnificará a ese mismo Jesús en tu vida. ¿Reduce esto el peso de tu cruz? Tal vez no. Pero su peso es lo bastante grande como para asegurarte de que seguirás apoyándote en Él.

Medita: Un día, el dolor de tu cruz será cambiado por el placer de una corona.

40
Esperanza aplazada

Llama, persevera en llamar, y te aseguro que Él te abrirá
a su debido tiempo, y te concederá de una vez todo lo que
ha pospuesto durante muchos años... Ruega a Él por mí,
como yo le ruego a Él por ti.
—Hermano Lorenzo, página 61

Las palabras de Proverbios 13:12 describen la vida tal como es: "La esperanza que se demora aflige al corazón; el deseo cumplido es un árbol de vida". ¿Cuántas veces has visto tus esperanzas elevarse para después verlas destrozadas? Un minuto estás volando alto; al siguiente, todo está emboscado. Así me sentí poco después del accidente que me dejó paralítica. Al principio, tenía esperanzas de que podría recuperarme, así que oré por una sanación milagrosa. Pero después de centenares de oraciones, de ser ungida con aceite, de confesar mis pecados y de asistir a numerosas ceremonias de sanación, estaba claro que nunca podría levantarme de mi silla de ruedas. Mis esperanzas fueron aplastadas; mi corazón estaba destrozado. Pero el proverbio no dice que la esperanza negada haga enfermar el corazón, sino la esperanza demorada. Dios no está por negar mi buena y piadosa esperanza de caminar de nuevo; solo la ha pospuesto. Un día, mis esperanzas se cumplirán. Mientras tanto, Dios tiene un plan mucho más glorioso que darme piernas que caminen. Como discípulo comprado con sangre de Jesús, tengo confianza en que su voluntad para mí es "buena, agradable y perfecta" (Romanos 12:2). Dios sabe que mi silla de ruedas, por ahora, es la situación óptima para mi suprema felicidad en Jesucristo. Y estoy completamente de acuerdo. Mi sanación final puede demorarse por un tiempo, pero estoy feliz de esperar el impecable tiempo de Dios. No solo estoy contenta de esperar, estoy agradecida. Tener la oportunidad de conocer mejor a Jesús a través de mi sufrimiento vale la pena la espera.

Medita: Jesús promete que la sanación se producirá...
Es solo cuestión de tiempo.

41
El engaño del pecado

Cuando se me presentaba una ocasión para practicar alguna virtud, me dirigía a Dios, diciendo: Señor, no puedo hacer esto a menos que Tú me capacites; y entonces recibía fuerzas más que suficientes. Cuando había fallado en mi deber, simplemente confesaba mi falta, reconociendo ante Dios: nunca haré lo correcto si me dejas solo; eres Tú quien debes evitar que caiga y corregir lo que está mal. Después de esto, no me inquietaba más al respecto.
—*Hermano Lorenzo, página 12*

No puede haber medias medidas cuando se trata de deshacerme de pensamientos basura, de actitudes amargas o de maniobras manipuladoras. El pecado es demasiado astuto para ser tratado de manera superficial. Mentirá, insistiendo que no está intentando destrozar mi alma. Prometerá comportarse si tan solo le permito guardarse en algún rincón tranquilo de mi corazón. Pero el pecado nunca se comporta; siempre empeora.

No escucho las mentiras del pecado, y tú tampoco deberías. Escuchemos a Dios en Colosenses 3:8, que nos insta: "Pero ahora abandonen también todo esto: enojo, ira, malicia, calumnia y lenguaje obsceno". Deshagámonos de todo eso. Todo es una palabra de alcance profundo. Esa misma palabra inclusiva se usa cuando se nos dice que amemos al Señor nuestro Dios con todo nuestro corazón, alma, mente y fuerza; y al prójimo como a nosotros mismos (ver Marcos 12:30-31). Cuando se trata de amar a Dios y a los demás, no puede haber medidas a medias.

Solía pensar que podía caminar sobre la línea entre el dominio de las tinieblas y el reino de la luz, siempre que mantuviera el equilibrio y no cayera en el territorio del diablo. Sin embargo, no hay espacio para caminar sobre la línea; la cima de la cerca es territorio del diablo. No puedo ser santa a medias. Dios me llama a servirle con todo mi corazón, todo el tiempo. Sí, fallaré, pero la sangre de Cristo cubre incluso eso. Y al confiar en Él para que esté en mi lugar ante un Dios santo, su muerte es aceptada en lugar de la mía y su vida perfecta se me imputa.

Medita: ¿Estás caminando sobre la línea espiritualmente? Elige el lado de Jesús.

42
En las pequeñas cosas

Siempre me he dejado guiar por el amor, sin buscar mis propios intereses; y habiendo decidido hacer del amor a Dios el fin de todas mis acciones, he encontrado razones para estar plenamente satisfecho con mi método. Me alegraba cuando podía recoger una brizna de paja del suelo por amor a Dios, buscándolo solo a Él y nada más, ni siquiera sus dones.

—Hermano Lorenzo, *página 10*

La colina frente a nuestra casa está bordeada de pinos blancos cuyas altas ramas se mueven con vientos que ni siquiera puedo sentir a nivel del suelo. Miro hacia arriba y me deleito con la manera en que las brisas altas mueven las copas de los árboles en una danza rítmica. Siempre me conmueve el alma, haciendo que me pregunte si había árboles alrededor de Jesús y Nicodemo esa noche cuando se encontraron. Una suave brisa debió de haberse levantado y esto hizo que Jesús declarara: "El viento sopla por donde quiere y oyes su sonido, aunque ignoras de dónde viene y adónde va. Lo mismo pasa con todo el que nace del Espíritu" (Juan 3:8).

Me encanta capturar momentos como estos que se convierten en razones para disfrutar del amor de Jesús. Busco los ríos de su constante afecto que siempre fluyen hacia mí. Puedo sentir su fuerza entrando en mí cuando mi alma está débil. En mi corazón puedo arrodillarme en silencio y expectante ante el trono de Dios, sabiendo que el cielo aún no ha derramado sus mejores dones sobre mí. Me encanta abrir mis oídos a los sonidos de su presencia, ya sea en el susurro de las hojas o en las dulces notas de los pajaritos al amanecer. Es la manera como Jesús quiere que atravesemos nuestros días, porque Dios quiso "que todos lo busquen y... lo encuentren. 'puesto que en Él vivimos, nos movemos y existimos'" (Hechos 17:27-28).

Medita: Busca a Jesús en las pequeñas cosas y nunca dejarás de encontrar una bendición de su mano.

43
Un poco de fuerza

La bondad de Dios me aseguró que no me abandonaría
por completo y que me daría la fuerza para soportar
cualquier mal que Él permitiera que me sucediera;
por lo tanto, no temía nada y no tenía necesidad
de consultar a nadie sobre mi estado.
—Hermano Lorenzo, *página* 18

A menudo, mi fuerza se desvanece cuando el dolor sigue pinchando y mordiendo. Me drena de la capacidad de sonreír, y toda mi perseverancia parece secarse. Me siento flaca y vacía. Pero con frecuencia me he visto fortalecida por Apocalipsis 3:8, donde Jesús le dice a la iglesia en Filadelfia: "Conozco tus obras. Mira que delante de ti he dejado abierta una puerta que nadie puede cerrar. Ya sé que tus fuerzas son pocas, pero has obedecido mi palabra y no has renegado de mi nombre".

¡Oh, cuánto valor! Jesús me dice: "Joni, conozco tus obras; veo cómo has perseverado tanto tiempo. Sé cuánto tiempo has vivido con dolor. En todas tus luchas, no has negado mi nombre, sino que has guardado mi palabra. Así que he puesto delante de ti una puerta abierta. No necesitas llamar, porque tienes pocas fuerzas, la he abierto de par en par para ti. Solo debes saber que cuanta menos fuerza tengas, más ayuda y compasión encontrarás en mí. Así que ahora, déjame levantarte y llevarte del otro lado de la puerta".

Las palabras de Cristo a aquellos santos de antaño son apropiadas para ti. Jesús ve tu perseverancia y cómo no has negado su nombre. No necesitas empujar la puerta. Él ya la ha abierto, porque entiende tu debilidad. Él reconoce: "Tienes poca fuerza, pero…". Ese "pero" te señala que Dios tiene un poder más que suficiente para llenarte hoy.

Medita: Jesús te ve, conoce tu necesidad, y puede derramar su poder sobre ti.

44

Acércate a Dios

Recuerda, por favor, lo que te he recomendado: piensa a menudo en Dios, de día, de noche, en tus tareas e incluso en tus distracciones. Él está siempre cerca de ti y contigo; no lo dejes solo. Te parecería descortés dejar solo a un amigo que vino a visitarte: ¿por qué, pues, debes descuidar a Dios?
—Hermano Lorenzo, *página* 53

El mando de mi silla de ruedas tiene dos velocidades: la imagen de una tortuga para "lento" y una imagen de un conejo para "rápido". Por lo general me muevo a la velocidad del conejo, pero eso no significa que no esté en descanso. Estoy constantemente sentada, inmóvil y "quieta", por lo que llevo conmigo una serenidad forzada. Agradezco al Señor que mi parálisis me proporcione un sentido incorporado de descanso, incluso cuando estoy en movimiento.

Mientras me muevo de aquí para allá la presencia de Dios va conmigo, otra bendición que viene con mi necesidad. Debería haber una calcomanía en mi silla de ruedas: "Mi presencia irá contigo, y te daré descanso" (Éxodo 33:14, RVR60). No importa dónde me lleve mi silla de ruedas —ya sea que esté ocupada con el trabajo del día o luchando por dormir por la noche— siempre soy consciente de la presencia de Dios. De nuevo, le doy gracias a mi parálisis por eso, porque "Antes que fuera yo humillado, descarriado andaba" (Salmos 119:67 RVR60). ¿Pero ahora? Permanezco cerca de Jesús. Permanezco cerca de su Palabra. ¿Cómo podría sonreír en medio de mis aflicciones si no fuera así?

Hoy, si estás moviéndote a la velocidad de la vida, aprende a ver tus aflicciones como una aliada. Deja que tus dificultades te lleven de nuevo a Jesús. La aflicción hace su mejor trabajo cuando te obliga a permanecer a Su lado. El Espíritu de Jesús es omnipresente, pero está particularmente cerca en tus aflicciones.

Medita: *Acérquense a Dios, y Él se acercará a ustedes* (Santiago 4:8).

45

Amor infinito

Él es el Padre de los afligidos, siempre dispuesto a ayudarnos.
Nos ama infinitamente más de lo que imaginamos: ámalo
entonces y no busques consuelo en otro lugar;
espero que pronto lo recibas.
—Hermano Lorenzo, *página 59*

Vivimos de este lado de la eternidad "hasta que amanezca el día y salga el lucero de la mañana en sus corazones" (2 Pedro 1:19). A menudo me pregunto cómo será eso. Tal vez nuestros rostros se calienten mientras nuestros corazones, latiendo con el calor de la resurrección, cambian en un abrir y cerrar de ojos glorificándonos de un modo magnífico. En ese mismo instante, acabamos por comprender la profundidad del amor de Dios. Veremos que todo el plan de redención fue la manera como el Padre aseguró para su Hijo el mayor de los regalos: nosotros, su esposa y su gozo. Con la Estrella de la Mañana naciendo en nuestros corazones, el reino de Cristo se completa. Su nombre inigualable, reivindicado. El pecado, la muerte, el diablo y sus huestes —todo eso— juzgado y destruido; la tierra y el cielo, restaurados; la gloria de Jesús llenando el universo mientras es coronado Rey de reyes.

Imagina grandes multitudes de personas redimidas en un diluvio de resplandor. Rodeados por la hueste angelical, nos alinearemos con la gran procesión de los salvos entrando por las puertas de perlas. Nos uniremos a esta infinita caravana desde los confines más lejanos de la tierra y las costas más distantes de los océanos, todos en un solo desfile jubiloso. Con generaciones incontables, levantaremos nuestras diademas ante Dios. "¡Aleluya!" gritaremos, "¡Porque el Señor Dios Todopoderoso reina! ¡Gocémonos y alegrémonos y démosle gloria! ¡Porque ha llegado la boda del Cordero, y su esposa se ha preparado!" (Apocalipsis 19:6-7 RVR60).

Entonces, grita conmigo: "¡Ven, Señor Jesús!". Porque pasaremos toda la eternidad alabándolo por su amor sin límites que nos rescató y nos trajo a salvo a casa (véase Efesios 1:6).

Medita: Aguanta un poco más... ¡Jesús está camino de su regreso!

46
Ser santo

No se llega a ser santo de inmediato...
Debemos ayudarnos unos a otros con nuestros consejos y,
aún más, con nuestros buenos ejemplos.
—Hermano Lorenzo, *página 50*

Toqué el piano durante muchos años antes de mi accidente, por lo que estoy familiarizada con los diapasones. Sin ellos, no hay posibilidad de interpretar una música hermosa. Todo suena desafinado. "Sean santos, porque yo soy santo" es como un diapasón (1 Pedro 1:16). Este versículo es como el Espíritu Santo golpeando su diapasón y descansando suavemente sobre tu corazón. ¿Resuena contigo el antiguo mandato de Dios? ¿O hay disonancia, que revela que tu vida está fuera de tono? Dios quiere que seas santo para tu propio bien, para tu bien más alto. Porque cuando te santificas a ti mismo y vives rectamente, entonces has hecho espacio en tu alma para comprender "cuán ancho y largo, alto y profundo es el amor de Cristo. En fin, que conozcan ese amor que sobrepasa nuestro conocimiento, para que sean llenos de toda la plenitud de Dios" (Efesios 3:18-19).

Ser santo es simplemente buscar primero el reino de Dios y su justicia (véase Mateo 6:33). Ser santo es querer ser como Jesús, porque "el que afirma que permanece en él debe vivir como él vivió" (1 Juan 2:6). "Sean santos, porque yo soy santo" es un mandato alegre. Así que sé diferente del mundo. Ten hambre y sed de justicia. No intentes hacer que tu pecado sea respetable, y mucho menos aceptable. Si deseas sentirte en casa en el cielo —un lugar santo para personas santas— entonces familiarízate con la vida recta aquí. Me atrevo a decir que si algunos que afirman ser de Cristo fueran al cielo ahora, quizás no les gustaría el lugar.

Medita: ¿De qué manera puedes apartarte para Dios?

47

Agradarle a Dios

Pensemos a menudo que nuestro único propósito
en esta vida es agradar a Dios, que quizás todo lo demás
no sea más que necedad y vanidad.
—Hermano Lorenzo, página 50

Cada cristiano anhela agradar a Dios y he encontrado una forma gloriosa de hacerlo: me esfuerzo por ser el mejor regalo que Él pueda hacerse a Sí mismo. Cada persona de la Trinidad derrama amor sobre las demás, y tú y yo somos regalos que deleitan al Padre, al Hijo y al Espíritu Santo. Nuestro anciano de la iglesia, John Ford, lo explicó de esta manera:

- A través de nuestra adopción, somos un regalo —un hijo adoptivo— que Jesús y el Espíritu presentan al Padre (ver Efesios 1:5).
- A través de nuestra redención, somos un regalo —una novia— que el Padre y el Espíritu presentan al Hijo (ver Apocalipsis 19:7).
- A través de la morada, somos un regalo —un templo— que el Padre y el Hijo presentan al Espíritu (ver 1 Corintios 6:19)[13].

Tengo el gozo de agradar a las tres personas del gran Dios trino, por lo que me esfuerzo por ser una hija obediente para que mi Padre se deleite en mí. Me preparo para ser la novia pura en la que se deleita mi Salvador. Y trabajo para ser el templo limpio y santificado para que el Espíritu se sienta feliz al morar en mí. Haz lo mismo ¡y podrás alegrarte al cumplir el propósito para el cual fuiste creado!

Medita: Hoy, deleita a la Trinidad; sé obediente, sé puro y sé santificado.

48
Escucha a Jesús

Dios tiene muchas maneras de atraernos hacia Él.
A veces se oculta de nosotros, pero la fe, que no nos
fallará en el momento de necesidad, debe ser nuestro
apoyo y el fundamento de nuestra confianza,
que debe estar completamente en Dios.
—Hermano Lorenzo, *página 57*

Dios es implacable cuando se trata de llamar tu atención. Cada día, cada hora, Dios está inundando tus sentidos con el conocimiento de Cristo. Su gran deseo es que conozcas a su Hijo y que lo conozcas bien (ver Efesios 1:17). En todas partes de la naturaleza, sus mensajes sobre Jesús son visibles, listos para despertar tu corazón y llenar tu visión. Dios te está tocando en el hombro, susurrando en tu oído y señalando a Jesús, e indicando: "Este es mi Hijo, mi escogido. ¡Escúchenlo!" (Lucas 9:35). No es cualquiera quien habla; es Dios Todopoderoso, el Creador del cielo y de la tierra, el Anciano de Días, el que está sentado en su trono en los cielos hablándote a ti. Dios ha estado intentando llamar tu atención durante mucho, mucho tiempo. Todo para que escuches a Jesús.

Maravíllate ante un impresionante amanecer, pero sé consciente de que es Dios quien te comunica: "Hijo mío, esto es para ti". Párate al borde de un océano rugiente y escucha a Dios decirte: "Este poder majestuoso es solo un destello de lo que mi Hijo puede hacer en tu vida". Sube a una montaña, deja que tu mochila se caiga, siéntate y sorpréndete por la inmensidad a tus pies. Ese panorama tan amplio es la obra de Dios diciendo: "Esta increíble belleza es solo una pista de lo que hallarás en mi Hijo". Dios creó el mundo como cartel que señala a Jesús. No lo pierdas. Ve a la Palabra de Dios, la Biblia, que es su última palabra sobre las cosas. Ábrela y escúchalo.

Medita: ¿Qué te está diciendo Dios en este momento?

49
Habla a tu corazón

Al principio, uno a menudo piensa que practicar la presencia
de Dios es tiempo perdido; pero debes seguir adelante
y perseverar en ello hasta la muerte, a pesar de todas
las dificultades que puedan surgir.
—Hermano Lorenzo, *páginas* 45-46

Por el bien de mi corazón, canto: "Propenso a vagar, Señor, lo siento, propenso a dejar al Dios que amo; aquí está mi corazón; oh, tómalo y séllalo; séllalo para tus cortes celestiales"[14]. La letra describe perfectamente el modo predeterminado de mi corazón. Si lo sacas de marcha y lo pones en neutro, inevitablemente se alejará del Señor.

"Por eso es necesario que prestemos más atención a lo que hemos oído, no sea que perdamos el rumbo" (Hebreos 2:1). Haz que tu corazón preste atención a la verdad que ha oído. Mantenlo en marcha, no a la deriva. Sigue avanzando, esforzándote por la llamada celestial. Inclina tu corazón hacia Dios. Es extremadamente astuto, así que ten cuidado con sus engaños. Mantén su nariz en las Escrituras y cuando se queje diciendo: "estoy aburrido", háblale y aliéntalo: "¡Sigue adelante!". Mantén sus pies en el fuego e insiste en mantener el dominio sobre él. No aceptes la pereza de tu corazón y haz todo lo posible para alinearlo cuando Dios señale: "Este es el camino; anden por él". Haz esto y tu corazón aprenderá a respetar tu disciplina; aún mejor, aprenderá a amar a Dios. Porque, cuanto más puro sea tu corazón, más se deleitará en Jesús (ver Mateo 5:8).

¿Suena a lucha? Sí, pero es la buena lucha de Colosenses 3:1: "Ya que han resucitado con Cristo, busquen las cosas de arriba, donde está Cristo".

Medita: Pon tu corazón en Cristo.

50
Hablar de Jesús

Para formar el hábito de conversar con Dios continuamente y referir todo lo que hacemos a Él, debemos primero acercarnos a Él con algo de diligencia; pero después de un poco de esfuerzo, deberíamos descubrir que su amor nos impulsa internamente a hacerlo sin dificultad.

—Hermano Lorenzo, *página 11*

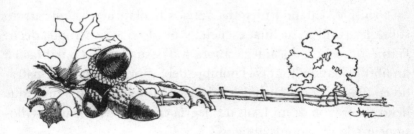

Cuando estoy con otros cristianos me siento un poco inquieta, con cierta comezón, cuando nadie menciona a Jesús. Entonces, justo cuando estoy a punto de ofrecer unas palabras sobre su bondad y su gracia hacia todos nosotros, alguien inevitablemente se me adelanta —¡oh, cómo salta mi corazón de alegría! Solo se necesita una persona para cambiar el tono de la conversación y casi puedo escuchar un suspiro colectivo de alivio. Miro a mi alrededor y las sonrisas de las personas me dicen que, juntos, hemos llegado a casa.

No soy la única que responde con alegría. Escucha lo que dice Malaquías 3:16:

> Los que temían al Señor hablaron entre sí, entonces él los escuchó y les prestó atención. Entonces se escribió en su presencia un libro de memorias de aquellos que temen al Señor y honran su nombre.

Piénsalo. Cuando tú y tus amigos hablan juntos con afecto sobre Jesús, Él se inclina, escucha y oye lo que tienen que decir. Pero eso no es todo. Luego anota todas sus buenas palabras en un libro. Cuando honras el nombre del Señor, eso queda registrado en presencia del Dios del universo. Me encanta imaginar que lleno el corazón de mi Jesús de alegría con solo hablar maravillosamente de Él con mis amigos.

Si tan solo pudiéramos profundizar en lo que Cristo sacrificó para asegurar nuestra salvación, hablaríamos de Él constantemente. Conversar sobre Cristo no nos parecería algo fuera de lo común o reservado para "momentos espirituales". Lo raro sería que no habláramos de Él.

Medita: Antes de que el día acabe, inserta a Jesús en una conversación.

51
Llévale tu dolor

Mientras me encontraba turbado en mi mente, no consulté a nadie; solo sabía, mediante la luz de la fe, que Dios estaba presente, y me contenté con dirigirle todas mis acciones, es decir, realizarlas con el deseo de agradarle, independientemente de lo que sucediera.
—Hermano Lorenzo, *página 14*

Cuando estoy atravesando un dolor profundo, a veces me encierro en mí misma, bajo la cabeza, arrimo el hombro a la carga y avanzo sin pensar. Me digo a mí misma que realmente no es necesario llevar este problema viejo y agotador a Dios, porque ya conozco la causa del dolor: mi escoliosis está empeorando o mis vértebras inferiores se están pinzando. He estado aquí mil veces, ¿por qué molestar a Dios? O me digo con vergüenza: "Tengo demasiado dolor para orar".

Pero Jesús *quiere* que lo molestemos. Le *agrada* cuando le llevamos nuestra vergüenza. El dolor puede insistir en que la oración no lo "hará desaparecer", pero siempre me conecta con el poder y la presencia de Jesucristo, quien con gusto derrama abundancia de valentía, un depósito de perseverancia, una fuente de resistencia y paciencia, y una paz maravillosa que supera mi entendimiento. Cuando recuerdo esto, complazco a Jesús. Él sonríe cuando escucho su voz en lugar de las voces de mi agonía. Su alegría consiste en elevarme muy por encima de cualquier terreno oscuro de incomodidad cuando respondo a su susurro: "Yo les he dicho estas cosas para que en mí hallen paz. En este mundo afrontarán aflicciones, pero ¡anímense! Yo he vencido al mundo" (Juan 16:33). Mil veces, sí. Su paz y valentía son tanto o más milagros que un alivio físico real de mi aflicción. Así que no escucharé mi dolor; en cambio, "en mi angustia [invoco] al Señor, y él me [responde]" (Salmos 120:1). Ser mi respuesta es algo que le agrada a Jesús.

Medita: Nada en tu vida es demasiado pequeño o insignificante para ponerlo a los pies de Jesús.

52
Búscalo

Que debemos, de una vez por todas, poner nuestra plena confianza en Dios con todo el corazón y entregarnos totalmente a Él, seguros de que no nos engañará.
—Hermano Lorenzo, *páginas* 21-22

¿Alguna vez has examinado un mapa del mundo y te has preguntado: "¿Cómo acabé en mi país y en mi ciudad?". ¿O miraste a tus padres y te preguntaste: "¿Por qué nací en esta familia y no en otra?". Me encanta leer sobre historia y a menudo sacudo la cabeza pensando: "¿Por qué nací en este siglo y no en el siglo XVIII? ¡Mi vida sería completamente distinta!". Si hubieras crecido en otro lugar, asistido a una universidad distinta o trabajado en otro sitio, no serías quién eres; las personas y las circunstancias que moldean tu destino serían completamente diferentes.

Mucho antes del tiempo y del espacio, Dios planeó que estuvieras exactamente donde estás y con las personas específicas que conoces. ¿Pero por qué? La respuesta está en Hechos 17:26-27:

> De un solo hombre hizo todas las naciones... y determinó los períodos de su historia y las fronteras de sus territorios. Esto lo hizo Dios para que todos lo busquen y, aunque sea a tientas, lo encuentren. En verdad, él no está lejos de ninguno de nosotros.

No hay error: Dios te colocó en este siglo, en este país, en tu familia y con tus amigos para un propósito específico. Él dispuso las circunstancias óptimas y te rodeó de las personas ideales para hacerte buscar a Jesús, alcanzarlo y encontrarlo. Así que no desperdicies tu situación; búscalo, porque no está lejos de ti. Y anímate, porque Jesús dice: "Me buscarán y me encontrarán cuando me busquen de todo corazón" (Jeremías 29:13).

Meditación: ¿Cómo te acercan a Jesús tus circunstancias y las personas que te rodean?

53
Tranquilidad sostenida

Una forma de recoger la mente con facilidad en el momento de la oración, y mantenerla en mayor tranquilidad, es no dejar que divague demasiado en otros momentos: debes mantenerla estrictamente en la presencia de Dios; y, acostumbrándote a pensar en Él con frecuencia, te será fácil mantener la calma en el momento de la oración, o al menos hacerla regresar de sus distracciones.
—Hermano Lorenzo, *página 49*

Si mi pobre alma no hubiera sufrido los golpes y las heridas de una dura discapacidad, no conocería ni la mitad de la medida de la gracia sustentadora de Dios. Si mi dolor no me hubiera robado el sueño, ¿cómo podría empatizar con Aquel que no tenía ni dónde recostar su cabeza? Si mi silla de ruedas no me hubiera limitado, separándome de los placeres normales, ¿cómo podría conocer la libertad y el gozo sin límites en Cristo, mi mayor tesoro? ¡¿Que mi discapacidad, con todos sus problemas asociados, pudiera ayudar a otros a ver las glorias de Jesús en mí?! ¿Cómo obtuve *ese* honor?

Soporto una condición crónica implacable que siempre se deteriora, que empeora con la edad. Pero cargo con cada nuevo desánimo, sabiendo que cada dolor expande la capacidad de mi alma para recibir más gracia. Más de Jesús. Más empatía por los demás. Spurgeon escribió: "Hay un faro en el mar: es una noche tranquila; no puedo saber si la edificación es firme; la tempestad debe enfurecerse a su alrededor, y entonces sabré si permanecerá"[15]. Si todo está en calma en tu vida, no hay oportunidad para que tu fe se fortalezca, para que tu esperanza brille con mayor intensidad o para que tu amor crezca en devoción a Dios y en afecto por los demás.

Sé alguien que recibe la prueba como a un amigo, que soporta la adversidad como un buen soldado y confía sin acosar constantemente a Dios con preguntas. Entonces te arrodillarás en oración y estarás en paz, como en un mar de calma cuando la tormenta ruge alrededor y sobre ti.

Medita: ¿De qué maneras estás creciendo a través de tu dolor y tus pruebas?

54
Esperanza rebosante

Pongamos toda nuestra confianza en Él: no dudo que pronto veremos los efectos de ello, al recibir la abundancia de su gracia, con la cual podemos hacer todas las cosas, y sin la cual solo podemos pecar.
—Hermano Lorenzo, *página* 51

Cuando una fractura en el cuello cambió mi vida por completo, no sabía dónde acudir. Dios parecía lejano y todo lo que leía en la Biblia sonaba como un simple consuelo vacío.

Entonces, me topé con Isaías 50:10: "Aunque camine en la oscuridad y sin un rayo de luz, que confíe en el nombre del Señor y dependa de su Dios". Me describía perfectamente: en la oscuridad sin una sola chispa de luz. Ese versículo no me trajo alegría, pero sí esperanza. Algo se estaba moviendo en mi interior; era una atracción tenue, magnética, hacia la esperanza. Sinceramente, era tan bueno sentir ese leve aleteo de esperanza en mi corazón, que supe que tenía que actuar. Impulsada, seguí este rastro de expectación que me llevó a Romanos 15:13: "Que el Dios de la esperanza los llene de toda alegría y paz a ustedes que creen en él, para que rebosen de esperanza". Pensé: *Bien, a ver si entiendo. Si confío en Él, Dios me llenará de toda —no solo un poco, sino toda— alegría y paz. ¿Y entonces la esperanza rebosará?*

Parecía tan simple; casi demasiado bueno para ser verdad. Pero de nuevo sentí que debía actuar. Así que en la medida en que pude, comencé a basar intencionalmente mi vida en la Palabra de Dios. Empecé a confiar en Él. Volví a Isaías 50:10 mil veces, confiando en el Nombre de mi Señor. Su Nombre fiel, compasivo y bondadoso. Para mí, su mejor Nombre es, sin duda, Salvador. Porque en la cruz vi al Dios de toda esperanza. Y en Él tengo esperanza desbordante.

Medita: Dios te llenará de toda alegría y paz mientras confíes en Él. Esa es su promesa.

55

Amor asombroso

Así como el conocimiento es comúnmente la medida del amor, cuanto más profundo y extenso sea nuestro conocimiento, mayor será nuestro amor: y si nuestro amor por Dios fuera grande, lo amaríamos igualmente en el dolor y en el placer.
—Hermano Lorenzo, *página 62*

Los años de dolor me han enseñado que, si deseas conocer a Cristo profundamente —no solo rozar la superficie, sino de manera íntima— significará recorrer un camino de profundo sufrimiento. Piénsalo: cuando Jesús te dio su más asombroso y transformador despliegue de amor; cuando te mostró la altura, la profundidad y el ancho de ese amor; cuando no retuvo nada, sino que se despojó por completo hasta la muerte, derramando todo su amor hasta la última gota... eso ocurrió en una cruz tortuosa, su punto más alto de horror y angustia. Parece, pues, que, si hemos de conocer a Jesús de manera íntima, eso ocurrirá en nuestros propios puntos de horror y angustia.

Aunque Dios concede su amor de forma gratuita, no está a disposición de nadie. Como solemne Monarca del universo, comparte su intimidad bajo sus propios términos. Y estos exigen que suframos y, en cierta medida, padezcamos como su Hijo amado lo hizo mientras estuvo en la tierra. Tal vez no entendamos sus razones, pero seríamos tontos de pelear contra Él en esto. Él es un éxtasis más allá de las palabras y vale la pena cualquier cosa por ser su amigo. Tu llamado a sufrir proviene de un Dios tierno que supera lo descriptible. Si olvidas esto, lo malinterpretarás en tus peores aflicciones y acabarás odiándolo cada vez más. No malinterpretes los caminos de tu amoroso Señor. Aprende a ver tu dolor como tu lugar de encuentro privado, un espacio difícil pero personal donde conocerás el amor más increíble de Cristo por ti sin lugar a duda.

Medita: La tierra no tiene pena que el cielo no pueda sanar.

56
Verlo por fe

Debo, en poco tiempo, ir a Dios. Lo que me consuela en esta vida es que ahora lo veo por fe; y lo veo de tal manera que a veces podría decir, *ya no creo más, sino que veo*. Siento lo que la fe nos enseña, y en esa certeza y en esa práctica de la fe, viviré y moriré con Él.
—Hermano Lorenzo, página 56

Cuando pinto, antes de mezclar un solo color, trazo cuidadosamente mi composición. Las líneas forman la estructura firme sobre la cual pinto, pongamos, un bol de manzanas. Cuando la pintura está casi completa, la composición prácticamente desaparece y emerge el estilo puro. Ya no ves las líneas, solo manzanas que parecen tan sabrosas que casi puedes saborearlas. Esto es quizás lo que el Hermano Lorenzo quiso decir cuando escribió: "Ya no creo más, sino que veo". En lenguaje pictórico, la composición y la estructura de su fe en Jesús emergieron en una visión de Cristo tan completa, tan hermosa y real, que casi podía ver a su Salvador.

Ejercer fe en Jesús es como construir una composición: confías en los preceptos de su Palabra, que todos apuntan hacia Cristo. Construye sobre esa composición durante el tiempo suficiente obedeciendo su Palabra y Jesús, en toda su gloria, empieza a emerger. Tu fe es la sustancia de las cosas que se esperan, y cuando practicas fijar tus ojos en tu Bendita Esperanza, la fe en Él toma una realidad concreta. Lo que emerge es una visión de tu maravilloso Señor. Así que medita en su Palabra, maravíllate con su sacrificio, contempla la profundidad de su amor y serás transformado, porque "todos nosotros, que con el rostro descubierto reflejamos como en un espejo la gloria del Señor, somos transformados a su semejanza con más y más gloria" (2 Corintios 3:18). Contempla a Jesús y lo verás tal como es: tan hermoso, que casi podrías alcanzarlo y tocarlo.

Medita: Llena tu visión con Jesús y tu vida será su obra maestra.

57
Una gran obra

No podemos escapar de los peligros que abundan
en la vida, sin la ayuda actual y continua de Dios;
pidámosle entonces continuamente por ella.
—Hermano Lorenzo, *página* 51

Soy una amenaza imponente para el diablo. Y no es porque escriba libros cristianos, dirija un ministerio global para personas con discapacidad o haya tuteado a Billy Graham. Nada de esto impresiona a Satanás. Lo que más lo molesta es mi confianza en Dios. Creo que por eso sigue aumentando la presión. Así que sigo aferrándome a Él, confiando en que su mano derecha me sostendrá (ver Salmos 63:8). El diablo está tratando de hacerme tropezar, tentarme y —si pudiera— arrebatarme la vida. Cuanto más firme es mi fe, más intensos son los ataques del diablo (oro para que mis muchos pecados no me expongan, haciendo que sea una presa más fácil).

Me guío por el ejemplo de Nehemías, quien lideró la reconstrucción de los muros de Jerusalén. Cuando hombres malvados trataron de desviarlo de su labor, Nehemías respondió: "Estoy ocupado en una gran obra y no puedo ir" (Nehemías 6:3). Es como decir: "Solo tienes malas intenciones y no dejaré de lado la obra de Dios ni siquiera para escucharte". De la misma manera, cuando siento que el enemigo me está llamando para apartarme del trabajo de Dios, respondo: "Diablo, cuando trates de tentarme diciendo que soy demasiado dura conmigo misma, que no debería preocuparme por las cosas pequeñas o que me merezco un descanso de obedecer a Dios, no te escucharé". Como Nehemías, sé que Dios me ha asignado una gran obra que hacer: es la gran obra de confiar en Él y ocupar mi alma con preocupaciones celestiales.

Medita: ¿Eres una amenaza imponente para el enemigo? Si no lo eres, puedes serlo con la ayuda continua de Dios.

58
Recuerda su bondad

Créeme; toma inmediatamente una resolución santa
y firme de nunca más olvidarlo voluntariamente.
—Hermano Lorenzo, *página 43*

Un pastor iraní y su esposa escaparon de la persecución viniendo a los Estados Unidos, pero después de un año, ella comenzó a entrar en pánico. "Por favor, ¿podemos volver a casa?" —suplicó—. ¡Aquí me estoy durmiendo espiritualmente!". Estaba siendo arrullada por la canción de cuna encantadora de Satanás, que prometía consuelo, prosperidad y una abundancia de "leche y miel". Estaba comenzando a olvidar a Dios.

No hay nada de malo en las comodidades de los hipermercados y los multicines. Pero nunca debemos olvidar que todos vivimos en casas ricamente abastecidas con bienes que no producimos; bebemos de pozos que no cavamos y comemos de viñedos que no plantamos. Estos son los extraordinarios regalos de Dios, pero vienen con una advertencia: "Cuando comas de ellas y te sacies, cuídate de no olvidarte del Señor, que te sacó de Egipto, la tierra donde eras esclavo" (Deuteronomio 6:11-12). No hay nada de malo en la "leche y la miel", pero puede ser un poco como el Valium que te hace olvidar a Dios

Por ello, el Señor da tiempos de escasez y duras aflicciones. No hace mucho tuve un susto con mi corazón y mis pulmones (envejecer con cuadriplejia hace más difícil inhalar suficiente oxígeno). Después de recibir tratamiento, ahora puedo respirar mejor y no puedo dejar de agradecer a Jesús. Cada respiración es un precioso regalo suyo. Mis aflicciones diarias me impiden caer en la amnesia cuando se trata de recordar las muchas y grandes bondades de mi Salvador. Practica la presencia de Jesús hoy —y cada día— proclamando: "Que todo lo que soy alabe al Señor; que nunca olvide todas las cosas buenas que hace por mí" (Salmos 103:2, NTV).

Medita: ¿Cuáles son las canciones de cuna satánicas que te hacen adormecer espiritualmente?

59

Gozo continuo

Sentí que la oración no era otra cosa que un sentido de la presencia de Dios, al ser mi alma insensible a todo, en ese momento, excepto al amor divino: y que cuando pasaban los tiempos establecidos para orar, no encontraba diferencia, porque seguía estando con Dios, alabándole y bendiciéndole con todas mis fuerzas, de modo que pasaba mi vida en un gozo continuo.

—Hermano Lorenzo, *página 21*

QUE TODO
LO QUE RESPIRA
ALABE AL SEÑOR

SALMOS 150

Puedo estar disfrutando de una gloriosa sinfonía, observando una puesta de sol impresionante, deleitándome con las rosas de mi jardín o agradeciendo a Dios por su increíble creación, pero, aun así, me acompañará una tristeza. Parte de ella está relacionada con mi parálisis y mi dolor, que nunca se van; la otra parte es una dolorosa conciencia de que mi Señor crucificado dio su vida para que yo pudiera disfrutar de las bellezas de este mundo. El sufrimiento me ha hecho hipersensible a las alegrías de Dios.

Esta maravillosa y terrible mezcla de emociones —tristeza y alegría— se describe en 2 Corintios 6:9-10: "Aún con vida... aparentemente tristes, pero siempre alegres". En mis momentos más alegres, la mezcla de tristeza nunca desaparece y desearía que nunca se fuera. Nuestras alegrías y tristezas no están separadas, como si *hubiera estado feliz los últimos días, pero ahora la tristeza ha tomado el control y me preguntara cuándo terminará para poder regocijarme de nuevo*. La alegría y la tristeza existen en un continuo. Las cosas buenas y malas siempre suceden de forma simultánea en nuestras vidas. La combinación de alegría y tristeza es una maravillosa afirmación de quiénes somos en Cristo, una especie de prueba de pH que nos indica: "Esta alegría que estás experimentando no es frívola ni superficial. ¡Así que gózate en ella!". Hay innumerables razones para que nuestros corazones se rompan, pero Jesucristo convierte incluso esas tristezas en depósitos de su profunda y honda alegría. El ejemplo de nuestras vidas desafía a aquellos que piensan que la alegría cristiana solo es consuelo.

Medita: Si estás experimentando una extraña mezcla de alegría y tristeza, estás practicando la presencia de Jesús.

60

Padre de misericordias

Dado que por su misericordia nos da aún un poco
de tiempo, comencemos de verdad, reparemos el tiempo
perdido, volvamos con plena seguridad a ese Padre
de las misericordias, que siempre está listo para
recibirnos con afecto.
—Hermano Lorenzo, página 51

Un remanente del pueblo de Dios había arrastrado su camino a través del desierto desde Babilonia hasta Jerusalén. Mientras estaban de pie en las ruinas del templo destruido, entre escombros y maleza, Dios prometió: "Desde este día os bendeciré" (Hageo 2:19 RVR60).

Eso está bien para ellos, pero ¿cuál es nuestro día de bendición? Parafraseando a James Smith del siglo XIX: ¿Qué día te bendecirá Dios? El día que comiences a buscar al Señor. El día que decidas estar del lado del Señor. El día que lo profeses públicamente y con sinceridad. El día que te entregues de corazón a su obra. El día que regreses de la rebeldía y te arrepientas de tu pecado ante Él[16].

El pueblo de Dios había sido liberado de la cautividad; sus cadenas ya no existían; estaban en casa, en la Tierra Prometida. Y Dios no podía esperar más para bendecirlos. Lo mismo sucede con cada cristiano y, como un cautivo regresando a Dios, si solo reclamamos su promesa de bendecirnos Él lo hará. Si hoy dejaras ese mal hábito atrás, si solo dejaras ir ese rencor y te reconciliaras con tu amigo o familiar, si fueras honesto en tus tratos con los demás, si dejaras atrás todo pecado, grande o pequeño... entonces disfrutarías de paz como un río y tu justicia resplandecería sobre los demás como el sol del mediodía. Serías como un árbol plantado junto a corrientes de agua y todo lo que hicieras prosperaría.

Medita: *Cuando Dios te bendiga hoy, transmite esa bendición a otros.*

61
Recurre a una canción

No te desanimes por la oposición interna que puedas encontrar en tu naturaleza al practicar la presencia de Dios. Debes sacrificarte a ti mismo.
—Hermano Lorenzo, *página 45*

Cuando el dolor me pone en constante modo de crisis, me convierto en una presa fácil para el enemigo. Después de una larga temporada tratando de mantenerme al tanto de mi dolor, me canso de luchar. Pero no tanto como para dejar de alcanzar una canción.

Y no cualquier canción. Las letras deben tener "suficiente fuerza espiritual para irrumpir en mi alma y despertar una respuesta esperanzadora". Debe ser un himno o una canción de adoración que me eleve "a un plano diferente espiritualmente; debe convocar en mí la fuerza emocional para recordar" mi llamado y así poder sobrellevar mi dolor[17]. Un himno atemporal, lleno de profundas verdades sobre la vida y Dios, tiene el poder de infundir sanidad y fortaleza en mi corazón cansado. También ahuyenta al Enemigo.

El diablo odia oírnos cantar a Dios. Cuando los colosenses luchaban bajo el reinado del loco Nerón, Pablo les ordenó: "Canten salmos, himnos y canciones espirituales" (Colosenses 3:16). Cuando los efesios estaban siendo amenazados con torturas, Pablo les dijo que se animaran "unos a otros con salmos, himnos y canciones espirituales" (Efesios 5:19). Cuando cantas alabanzas a Dios, te estás oponiendo a todo el infierno. Estás proclamando que Dios está contigo en tu oscuridad, consolándote en la tristeza y llevando a cabo su perfecta voluntad en tu dolor. Tus canciones de adoración más auténticas suelen ocurrir, por lo general, en la noche de tu alma.

Medita: Al diablo no le gustan tus canciones de adoración, pero a Dios le encantan. Así que sigue cantando.

62
Sobre recibir

Preveo que me dirás que estoy muy tranquilo, que como y bebo en la mesa del Señor. Tienes razón en creerlo, pero ¿crees tú que sería un pequeño dolor para el mayor criminal del mundo, comer en la mesa del rey, ser servido por Él, y aun así no tener seguridad alguna de perdón? Creo que sentiría una gran incomodidad, un fastidio que nada podría aliviar, excepto su confianza en la bondad de su soberano.

—Hermano Lorenzo, *página 55*

Considera la escena reveladora en Mateo 19:14-16. El Señor se encontraba rodeado de un grupo de niños y los bendecía, levantando a los pequeños en sus rodillas y despeinándoles el cabello. Al ver que los discípulos se sentían algo molestos, Jesús les dijo:

> Dejen que los niños vengan a mí; no se lo impidan, porque el reino de los cielos es de quienes son como ellos...
>
> Sucedió que un joven se acercó a Jesús y le preguntó: Maestro, ¿qué es lo bueno que debo hacer para obtener la vida eterna?

Quizás este joven rico había visto a Jesús bendiciendo a los niños y se sintió indignado de que el gran Maestro estuviera otorgando salvación a unos pequeños con ropa desgastada y mocos en la nariz. Así que le preguntó: "Maestro, ¿qué es lo bueno que debo hacer para obtener la vida eterna?".

Es curioso cómo una sola palabra puede revelar los motivos más profundos del corazón. Este joven de gran riqueza se delató con esa pequeña palabra *obtener*. "¿Qué bien debo hacer para *obtener*?", le preguntó a Jesús. ¡No es de extrañar que se fuera decepcionado! Él pensaba que debía hacer algo bueno para obtener algo grande. No se dio cuenta de que fue Jesús quien hizo algo bueno para darle algo grande: la vida eterna en Él. La salvación tiene que ver con recibir, no con obtener. La pregunta no es "¿qué puede hacer Jesús por mí?". En su lugar, abre tan solo tus manos para recibir misericordia. No porque hayas hecho algo para ganártela, sino porque Dios lo hizo todo para dártela.

Medita: Hoy, no preguntes: "¿Qué puede hacer Jesús por mí?".
Dile lo que vas a hacer por su reino.

63
Referentes de gracia

Cuando los asuntos externos me desvían un poco del
pensamiento en Dios, un nuevo recuerdo que viene de Dios
invade mi alma, y me inflama y transporta de tal manera
que me es difícil contenerme.
—Hermano Lorenzo, *página 17*

El dolor a menudo me mantiene despierta por la noche. No hace mucho, mi posición habitual para dormir no funcionaba y permanecía completamente despierta. En noches así, me fortalezco en el Señor recitando las palabras de himnos, orando por otras personas que están en dolor y susurrando palabras de las Escrituras. Esa noche en particular recité Isaías 40:31 una y otra vez: "Pero los que confían en el Señor renovarán sus fuerzas; levantarán el vuelo como las águilas, correrán y no se fatigarán, caminarán y no se cansarán". Al final, me quedé dormida.

A la mañana siguiente cuando mi amiga corrió las cortinas, dio un respingo y se alejó de la ventana del mirador. Ahí, posado en mi pequeño bebedero para pájaros, había un enorme halcón. Sus garras se sujetaban al borde, arqueaba y esponjaba sus plumas y nosotras nos maravillamos ante aquella imponente criatura, serena, una imagen de suprema belleza y poder sobrecogedor. Después de mi noche angustiosa, ¡qué hermoso detalle de Dios regalarme "fuerzas por la mañana"! Fue un recordatorio tangible de que al esperar en Él, sí nos da gracia abundante para levantar alas como un halcón, si no como un águila. Cuando abrimos los ojos de nuestro corazón, Dios siempre nos sorprende con muestras de su gracia. Supongo que si Dios pudo dirigir a una ballena bajo el agua para que se tragara a Jonás, también puede dirigir a un gran halcón para saludarme al inicio de un nuevo día. ¿Cómo te saludó Jesús esta mañana? ¿Qué recordatorios gráficos te ha dado de su favor?

Medita: Pídele a Dios que abra los ojos de tu corazón para ver las evidencias de su cuidado.

64
El camino estrecho

Debemos establecernos en un sentido de la Presencia de Dios, conversando continuamente con Él. Es vergonzoso abandonar su conversación para pensar en trivialidades y tonterías. Debemos alimentar y nutrir nuestras almas con pensamientos elevados sobre Dios, lo cual nos brindaría gran gozo al estar dedicados a Él.

—Hermano Lorenzo, *página 8*

En Mateo 7:13, Jesús dijo: "Entren por la puerta estrecha. Porque ancha es la puerta y amplio el camino que lleva a la destrucción, y muchos entran por ella". ¿Se refería Jesús solo a nacer de nuevo? No. Aquí, Jesús me está hablando a mí, una de sus ardientes discípulas. Y si eres creyente, te está hablando a ti también. Su mensaje es más amplio y no se limita a la salvación.

Sí, los cristianos son justificados por la fe y están seguros en Cristo, pero cuando Jesús insta: "Esfuércense por entrar por la puerta angosta" está hablando de una forma de vida para sus amados (Lucas 13:24, NTV). Yo quiero estar contenta y feliz en Cristo, así que me esfuerzo por caminar en el camino estrecho. No me atrevo a volverme complaciente o permitirme pensar: *¿Cuánto puedo aproximarme a este comportamiento pecaminoso sin que se convierta en un hábito? O, ¿cuánto tiempo puedo ver este programa de televisión sin sentido sin que apague mi espíritu?* Justo ahí ya estoy en el camino ancho que lleva a la destrucción, una destrucción de mi sensibilidad al toque y a la voz del Espíritu, como un desinterés creciente en las cosas celestiales. Muchos están en ese camino de destrucción, pero Jesús llama a sus seguidores a entrar por el camino estrecho, a esforzarse por pasar por la puerta angosta. Así que hacemos el arduo trabajo de esforzarnos por encontrar nuestra paz y nuestro gozo en Jesucristo. Porque cuando encontramos contentamiento en Él, no nos interesa caminar al borde de comportamientos insensatos.

Medita: ¿De qué maneras puedes agudizar tu oído para escuchar cuando el Espíritu habla?

65
Instrumento misericorde

A menudo he estado cerca de expirar, aunque nunca estuve tan satisfecho como en esos momentos. En consecuencia, no oré pidiendo alivio, sino que oré por fortaleza para sufrir con valor, humildad y amor. ¡Oh, qué dulce es sufrir con Dios! Por grandes que sean los sufrimientos, recíbanlos con amor.

—Hermano Lorenzo, *página 60*

La ansiedad *me consumió* después de romperme el cuello. Mientras mis amigos se iban a la universidad o conseguían trabajos, yo me quedé atrapada en un hospital. La vida parecía sombría y quería que alguien me prometiera mágicamente que todo estaría bien.

Es el ruego sincero de todos los que sufren. Queremos la seguridad de que, de alguna manera, las cosas se resolverán al final. Queremos saber que nuestro mundo es ordenado y estable, no que se está desmoronando en un caos espantoso. Queremos que Dios esté en el centro de nuestro sufrimiento, no solo sosteniendo nuestras vidas sino también a nosotros. Como un padre que recoge a su hijo que llora, le da palmaditas en la espalda y lo calma: "Tranquilo, cariño, todo estará bien. Papá está aquí". Ese es nuestro ruego; queremos que Dios sea nuestro Papá.

En Romanos 8:28 tenemos la gran promesa de esa misma seguridad: "Y sabemos que a los que aman a Dios, todas las cosas les ayudan a bien, esto es, a los que conforme a su propósito son llamados" (RVR60). Aquí, nuestro Abba Padre nos dice que está tan a cargo de todo que hasta las cosas difíciles están ordenadas para servir a nuestro bien supremo. Esto es cierto ya sea que nos enfrentemos a tribulación, angustia, persecución, hambre, desnudez, peligro o espada. Es cierto, ya sea que afrontemos hogares rotos, corazones rotos o cuellos rotos. La robusta esperanza del creyente no es que escapemos de una larga lista de cosas malas, sino que Dios hará de cada una de nuestras agonías un instrumento de su misericordia para hacernos el bien, en este momento y en el más allá.

Medita: Pídele a Dios que revele las cosas buenas que está haciendo a través de las pruebas de hoy.

66
Únete a la danza

Que todo nuestro quehacer sea conocer a Dios: cuanto más se le *conoce*, más se desea conocerle.
—Hermano Lorenzo, *página 62*

Dios es amor. No es una deidad amenazadora que se pasea de un lado a otro, hambrienta de atención. No se muerde las uñas ni pierde el control. Todo lo contrario. Dios es el "único y bendito Soberano, el Rey de reyes y Señor de señores" (1 Timoteo 6:15). Una traducción lo describe como "el Dios dichoso"[18]. Si observamos el panorama general de la Biblia, veremos que Él está arrobado de felicidad. La naturaleza de semejante Amor es desbordarse hacia otro (el amor requiere a alguien a quien amar, ¿verdad?). Dios Padre derrama su amor sobre Jesús, el Hijo, porque las perfecciones del Padre se reflejan perfectamente en Él. Jesús es Dios Padre de pie frente al espejo. En Jesús, Dios ve la fuente de toda la inteligencia, la grandeza y la bondad que existieron jamás. Nosotros miramos al espejo y casi siempre nos sentimos decepcionados, pero Dios mira al espejo y queda cautivado. El amor mutuo entre el Padre y el Hijo es tan rico, pleno y potente que gira en una gloriosa y poderosa danza orquestada por el Espíritu Santo. La eterna Trinidad se regocija junta en una danza de amor mutuo.

Yo quiero unirme a esa danza. Así que susurro: "¡Jesús, eres mucho mejor que todo lo que había planeado con mis propios esfuerzos! Eres mucho más satisfactorio que la vida como yo la solía vivir. Mi antigua vida estaba llena de adornos brillantes, que no pueden compararse con el gozo de conocerte. ¡Gracias por invitarme a tu felicidad!".

Medita: ¡Únete a la danza hoy! Deléitate en el amor de Dios.

67

En su presencia

Haz que tu ocupación consista en mantener tu mente en la presencia del Señor: si a veces se desvía, se aparta de Él, no te inquietes demasiado por ello.

—Hermano Lorenzo, *página 49*

Era un sábado lluvioso, y estaba trabajando en mi computadora cuando se congeló. Mis manos paralizadas no podían presionar el botón de reinicio. Mi activación por voz tampoco sirvió de nada. Una mesa de bandeja bloqueaba mi camino, así que no podía salir a buscar a mi esposo. Grité llamándolo, pero fue inútil. Me quedé en silencio durante unos minutos; luego, al percatarme de que la autocompasión comenzaba a subir, elegí otro camino. Recordé a Aquel en cuya presencia me encontraba. Sabía de alguna manera que lo que hiciera con ese momento contaría por toda la eternidad.

Así que, mientras la lluvia salpicaba afuera, recordé todas las cosas que tan fácilmente doy por sentadas. Recité: "Soy coheredera con Cristo y un día todos mis trabajos serán recompensados. Soy su esposa y un día su gozo inundará mi corazón hasta desbordarlo. Soy ciudadana del cielo donde la autocompasión, la tristeza y el pecado desaparecerán. Seré arrastrada por el amor de Dios, llevada por una corriente salvaje y maravillosa de placer imposible. Un día estas manos y piernas paralizadas se levantarán y funcionarán y saltaré y gritaré: ¡Sabía que sería bueno, pero no *así* de bueno!".

¡Mi espíritu se estaba elevando! Dios me estaba dando cubos de gracia con cada declaración victoriosa de mi identidad en Jesucristo. De modo que independientemente de los desafíos a los que te enfrentes, te animo a ensayar tu identidad y tu destino a menudo y decir en voz alta: "Siempre tengo presente al Señor; con él a mi derecha, nada me hará caer. Por lo tanto, mi corazón se alegra… Me llenarás de alegría en tu presencia y de dicha eterna a tu derecha" (Salmos 16:8-9, 11).

Medita: ¿Está decaído tu espíritu? Ensaya en voz alta quién eres en Jesucristo.

68
No *más* ira

Comúnmente, durante el tiempo apartado para la devoción y la oración, me dedicaba a pensar en la muerte, el juicio, el infierno, el cielo y mis pecados. Así continué algunos años, aplicando mi mente cuidadosamente el resto del día, e incluso en medio de mi trabajo, a *la presencia de Dios*, a quien consideraba siempre como *conmigo*, a menudo como *en mí*.

—Hermano Lorenzo, *páginas* 30-31

La cultura cristiana actual rara vez menciona el juicio, el infierno o, incluso, el cielo. Hablar del pecado es aún más raro. Pero examinar estas cosas es esencial si hemos de entender por qué vino Jesús. Porque el Dios que odiaba el pecado en el Antiguo Testamento —y lo odiaba con todo el fuego y el azufre que podía reunir— es el mismo Dios que sigue odiándolo en el Nuevo Testamento. Sin embargo, la diferencia radica en su forma de expresar la ira. Si hojeas Mateo, Marcos, Lucas y Juan, nunca verás que la ira de Dios se desate mediante plagas, terremotos, fuego o azufre. En su lugar, se desata en el Calvario.

Toda la rabia ardiente que Dios había acumulado por nuestros pecados contra su naturaleza y nuestro prójimo, fue derramada sobre su propio Hijo. Allí, en la cruz, Jesús cargó con cada plaga, peste, apedreamiento y sequía infestada de serpientes; con cada tormenta de granizo, invasión de langostas, esclavitud por parte de fuerzas enemigas y crueldad inimaginable perpetrada por los viciosos asirios y babilonios. Jesús lo tomó todo voluntariamente.

Dios ya no tiene ira guardada para ti y para mí, solo misericordia y bondad amorosa si confiamos en Cristo como Señor y Salvador. ¡No pasa un solo día sin que le agradezca a Jesús por haber aceptado el golpe destinado para mí! "Pues Dios hizo que Cristo, quien nunca pecó, fuera la ofrenda por nuestro pecado, para que nosotros pudiéramos mantener una relación correcta con Dios por medio de Cristo" (2 Corintios 5:21, NTV).

Medita: Vive de una manera digna de lo que Jesús hizo en la cruz.

69
La corona de la creación de Dios

En nuestras conversaciones con Dios, también nos ocupamos en alabarlo, adorarlo y amarlo sin cesar, por su infinita bondad y perfección.
—Hermano Lorenzo, *página 20*

Mi esposo Ken y yo, hicimos recientemente un viaje al Parque Nacional Yosemite, famoso por sus antiguas y gigantescas secuoyas, sus impresionantes cascadas y monolitos de granito conocidos como El Capitán y Half Dome. Ken alquiló una bicicleta y pedaleaba junto a mí mientras pasábamos rápidamente por ríos, praderas y lagos prístinos. Mientras recorríamos los senderos, el impresionante paisaje que nos rodeaba inspiraba constantes alabanzas a Jesús (nos preguntábamos cuántos visitantes del parque también estaban pensando en Él).

Una de las razones por las que Dios creó ese paisaje fue para que sus visitantes pudieran ser movidos espiritualmente, miraran hacia arriba y se preguntaran: "¿Quién es el Creador detrás de tan asombrosa belleza?". Porque:

> lo que se puede conocer acerca de Dios es evidente para ellos, pues él mismo se lo ha revelado. Porque desde la creación del mundo las cualidades invisibles de Dios, es decir, su eterno poder y su naturaleza divina, se perciben claramente a través de lo que él creó (Romanos 1:19-20).

La creación es nuestra para disfrutarla, pero estoy segura de que Jesús se deleita aún más en sus seguidores cuando oran por la corona de la creación de Dios. Por muy renombrada que sea la belleza de Yosemite, no se compara con la cima de la creación de Dios: los seres humanos. "Y consideró Dios que era bueno" cuando creó la tierra y todo lo que hay en ella, pero después de hacer al hombre y a la mujer, "Dios miró todo lo que había hecho y consideró que era muy bueno" (Génesis 1:31).

Medita: Tu familia y amigos son la cima de la creación de Dios. Trátalos bien.

70
Jesús es la respuesta

Le adoraba con la mayor frecuencia posible, manteniendo mi mente en su santa Presencia, y recobrando esa presencia cada vez que descubría que divagaba de Él... Lo convertí en mi ocupación, durante todo el día y también en los momentos establecidos de oración; porque en todo momento, cada hora, cada minuto, incluso en medio de mis ocupaciones, apartaba de mi mente todo lo que pudiera interrumpir mi pensamiento en Dios.
—*Hermano Lorenzo, página 28*

Hubo una temporada en la que estuve tan abrumada por el dolor crónico, que casi me volví ciega a la gracia habilitadora de Dios. El dolor tiene una manera de intensificar nuestras inclinaciones naturales a dudar de Dios. Pero en Cristo tenemos inclinaciones trascendentes, pues estamos llamados a vivir sobrenaturalmente. Podemos vivir con esperanza. Milagrosamente. Poderosamente. Así que dejé que mi dolor me llevara de vuelta al libro de Job y vi que, a pesar de sus aflicciones cegadoras, Job nunca se apartó de Dios. En el auge de su sufrimiento, Job clamó al Señor: "¡Ah, si supiera yo dónde encontrar a Dios! ¡Si pudiera llegar adonde él habita! Ante él expondría mi caso… Podría conocer su respuesta, y trataría de entenderla" (Job 23:3-5).

Job se volvió *hacia* Dios, no se *alejó* de Él. Es una lección poderosa para nosotros. Incluso tenemos una ventaja sobre Job. Pues cuando estamos sumidos en el sufrimiento, no necesitamos preguntarnos dónde encontrar a Dios; él se encuentra en Cristo. Dios no habita lejos; más bien, decimos "Cristo vive en mí" (Gálatas 2:20). Como Job, podríamos presentar nuestra causa ante Dios, pero Jesús ya está al lado de Dios, intercediendo por nosotros y actuando como nuestro Abogado (ver 1 Juan 2:1). Y si como Job estamos buscando respuestas, ya las hemos encontrado: Dios dio su mejor y única Respuesta en la cruz. Hoy, vive con esperanza, milagrosa y poderosamente, porque Cristo tiene la última palabra cuando se trata de tu sufrimiento. Jesús es tu Respuesta, así que practica su presencia en tu sufrimiento.

Medita: Dios no nos debe explicaciones.
Él ya explicó lo suficiente en la cruz.

71
La fuente de la vida

Busquémoslo a menudo por fe:
Él está dentro de nosotros; no lo busquemos en otro lugar.
—Hermano Lorenzo, páginas 62-63

Si quiero mantener mi cuerpo cuadripléjico en buena salud, debo beber agua todas las mañanas, tardes y noches. No puedo tomar atajos y consumir la cantidad requerida de una sola vez, digamos, por la mañana. Por culpa de la falta de ejercicio mi cuerpo necesita una limpieza y renovación continuas. Y lo mismo ocurre con mi espíritu. A lo largo del día, pequeñas rebeliones se amontonan y obstruyen mi alma y debo eliminarlas.

Hace años memoricé el Salmo 63, y prácticamente todas las mañanas antes del amanecer lo utilizo para preparar mi corazón para el Agua Viva. Despierto y le digo a Jesús: "Oh Dios, tú eres mi Dios; yo te busco intensamente. Mi alma tiene sed de ti; todo mi ser te anhela, cual tierra seca, sedienta y sin agua" (Salmos 63:1). Oro: "Lléname, Señor. Lléname hasta el tope porque hoy voy a derramarme. Y me derramaré mucho". Como gotean los cubos, los tanques de gasolina se vacían, las flores se marchitan y los baños de aves se evaporan, mi espíritu se marchita más rápido de lo que me doy cuenta. Incluso cuando no siento sed de Cristo, soy consciente de que mi alma es propensa a secarse y a volverse quebradiza. Jesús dice en Juan 7:37: "Si alguno tiene sed, venga a mí y beba". ¡Esa soy yo! Y no me arriesgo a perder el gusto por Él. Jesús no *tiene* lo que mi alma necesita; Él *es* lo que necesito. Bebe de su grandeza porque fuiste hecho para vivir de Él. A lo largo de tu día, purifica y refresca tu espíritu con frecuentes sorbos de la Fuente de la Vida.

Medita: Busca a Dios frecuentemente durante el día y sé refrescado.

72

Permanece en Él

¿Cómo podemos orar a Él sin estar con Él?
¿Cómo podemos estar con Él sino pensando en Él a menudo?
¿Y cómo podemos pensar en Él a menudo, sino por un hábito
santo que debemos formar? Me dirás que siempre estoy
diciendo lo mismo: es cierto, porque este es el mejor
y más fácil método que conozco; y como no uso otro,
lo aconsejo a todo el mundo.

—*Hermano Lorenzo, página* 51

La gente suele comentar lo fuerte que debo ser. Pero la verdad es esta: *no* soy una persona fuerte, así que siempre clamo a Jesús en busca de ayuda. Soy débil y necesitada, por lo que constantemente oro para que Él evite que mi pobre alma de desvíe y me ayude a seguir adelante a través del dolor. Necesito a Jesús con tanta desesperación que a veces me pregunto si Él estaba pensando en mí cuando afirmó: "El que come mi carne y bebe mi sangre permanece en mí y yo en él" (Juan 6:56). Lejos de ser repulsivas, estas palabras son mi comida y mi bebida. Tengo hambre y sed de Él. Permanecer en Jesús es *así* de íntimo.

Más adelante, en el Evangelio de Juan, Jesús usó otra metáfora para ilustrar la intimidad de "permanecer en Él". Declaró: "Yo soy la vid y ustedes son las ramas. El que permanece en mí, como yo en él, dará mucho fruto; separados de mí no pueden ustedes hacer nada" (Juan 15:5). La vid y sus ramas son una misma cosa, no están separadas. No podemos desconectarnos de la Vid e injertarnos de nuevo en ella cuando lo necesitamos. Permanecer en Cristo no es como enchufarse a una fuente de poder hasta que nuestras baterías espirituales marquen el cien por ciento. No funciona de esa manera. Una relación saludable con Jesús es una relación constante. Permanecer en Él no es esporádico ni ocasional, como ver a un buen amigo cuando necesitas su ayuda. De modo que sé la rama que descansa en la vid. "Come su carne y bebe su sangre" como si tus venas espirituales fueran las suyas. Sé así de cercano, así de íntimo. Porque sin Él no somos nada.

Medita: Sé íntimo con Dios hoy. Entrégale tu alma sedienta.

73
Satisfacción

No puedo imaginar cómo las personas religiosas pueden
vivir satisfechas sin la práctica de la presencia de Dios.
Por mi parte, me mantengo retirado con Él en...
el centro de mi alma tanto como puedo.
—*Hermano Lorenzo, página 44*

Todos quieren estar satisfechos con sus vidas, pero si conviertes la satisfacción en tu objetivo, es lo único que nunca tendrás. Solo cuando buscamos a Dios nos sentimos verdaderamente satisfechos. Puedo saber que estoy más satisfecha en Jesús cuando tengo esa firme sensación de estar completamente arraigada en Él, inmóvil e inquebrantable, como si Él fuera mi base, mi punto de apoyo sobre el cual todo se equilibra. La línea de plomada que hace que todo esté recto. El centro de mi sistema solar alrededor del cual todo orbita. La satisfacción es encontrar sombra y refugio en "un solo Dios... que está sobre todos y por medio de todos y en todos" (Efesios 4:6).

¿Por qué querría alejarme alguna vez de un Salvador así? Aun así, como todos, soy propensa a desviarme. Por eso hago del Salmo 73:28 mi ancla: "Para mí el bien es estar cerca de Dios. He hecho del Señor Soberano mi refugio". No es bueno para mí alejarme de Dios (el versículo anterior advierte: "Los que se alejan de ti perecerán"). No debo arriesgarme a eso, así que me quedo cerca de Dios y "hago del Señor mi refugio". No me acerco a Él para comprender sus misteriosos caminos en relación con mi sufrimiento o para obtener claridad sobre su propósito para mi vida. Me acerco para encontrar refugio, abrigo, santuario y un puerto seguro. Descansando a su sombra, vuelvo a estar en mi base. Estoy satisfecha y "Yo digo al Señor: "Tú eres mi refugio... el Dios en quien confío" (Salmos 91:2).

Medita: ¿Cómo describirías estar satisfecho en Cristo?

74
Celebra las victorias

Usa entonces poco a poco este método para adorarlo, para pedir su gracia, para ofrecerle tu corazón de vez en cuando, en medio de tus ocupaciones, incluso en cada momento si puedes. No te limites siempre escrupulosamente a ciertas reglas o formas particulares de devoción; sino actúa con una confianza general en Dios, con amor y humildad.

—Hermano Lorenzo, *página 47*

A lo largo de los ritmos de mi día, hablo con Jesús en fragmentos. El primer sorbo de mi café matutino eleva un aroma de pensamientos agradables hacia Él. La puerta lateral se abre, mis ojos descansan en el rosal del jardín trasero y le digo a Jesús lo ingenioso que es con el color. Salgo para un descanso a mediodía, siento la brisa y le doy gracias por tocarme de la misma manera con su Espíritu.

Practicar la adoración a Jesús —sesenta segundos a la vez— es una disciplina que me mantiene cerca de Él a lo largo del día. Haz lo mismo y hazlo a menudo: canta una estrofa de un himno a Dios, memoriza un versículo corto de la Biblia, haz un pacto contigo mismo para bendecir al Señor cada vez que veas una puesta de sol impresionante. Ayer por la noche me quedé junto a nuestra ventana panorámica, y mientras la puesta de sol se desvanecía, llamé a Ken para que tomara una foto. Disfrutamos de ese resplandor dorado que se extendía más allá de las montañas. Los morados y rosas seguían cambiando mientras el sol descendía por las colinas y... adoramos. A cambio, Dios nos dio las palabras atemporales de Amy Carmichael: "Tendremos toda la eternidad para celebrar las victorias, pero solo tenemos unas pocas horas antes del atardecer para ganarlas"[19]. Las pocas horas de esta vida pasan rápidamente, así que sé consciente de reconocer los momentos enviados por Dios que están llenos de lo celestial. Son sus suaves toques en tu hombro.

Medita: Rompe con tu rutina de tiempo a solas —encuentra nuevas formas de adorar a Jesús hoy.

75
La prueba de su amor

Me duele verte sufrir tanto tiempo: lo que me da algo de alivio y endulza el sentimiento que tengo por tus penas es que ellas son pruebas del amor de Dios hacia ti. Míralas desde esa perspectiva, y las soportarás con mayor facilidad.

—Hermano Lorenzo, *página 58*

No cabe duda de que Jesús amaba profundamente a María, Marta y Lázaro. Eran amigos queridos y preciosos a sus ojos: santos y amados por Él (ver Isaías 43:4; Colosenses 3:12). Estos tres eran, podríamos decir, los favoritos de Jesús. Pero, a pesar de que los amaba profundamente Jesús les permitió experimentar tragedia, desilusión y muerte. ¿Adónde quiero llegar? Si eres cercano al Señor, no supongas que te librará de sufrimientos graves.

Esto se debe a que el núcleo del plan de Cristo es rescatarnos de nuestro pecado y restaurarnos a una vida abundante. Nuestras tragedias y desilusiones no son su enfoque final. Le importan, pero son solo síntomas del verdadero problema. A Jesús no le interesa tanto hacernos sentir cómodos como enseñarnos a odiar nuestro pecado, a madurar espiritualmente y a amarlo de un modo más profundo. Para lograr esto, nos concede los beneficios de la salvación de manera gradual y a veces dolorosa. Jesús permite que tú (como María, Marta y Lázaro) sientas gran parte del aguijón del pecado mientras vamos camino al cielo. Esto nos recuerda constantemente de qué estamos siendo liberados y expone el pecado como el veneno que es. El mal (el sufrimiento) se vuelve sobre sí mismo para derrotar a otro tipo de mal (el pecado), todo para la alabanza de la sabiduría de Dios. Jesús colgó de una cruz para que sus amados *nunca* tuvieran que sufrir el infierno, no para que no sufrieran aquí en la tierra. Nadie va al cielo de Cristo sin antes participar de los sufrimientos de Cristo. Es una prueba de que le pertenecen a Él.

Medita: ¿Qué cosas buenas estás ganando a través de la aflicción?

76
Una visión expandida

La gente observaba que, en medio de la mayor actividad en la cocina, yo aún preservaba mi conciencia de Dios y una mentalidad celestial. Trataba de no apresurarme ni de retrasarme, sino de hacer cada cosa en su momento, con una compostura y tranquilidad de espíritu ininterrumpidas. El tiempo de trabajo no se diferencia para mí del tiempo de oración; y en el ruido y el desorden de mi cocina, mientras varias personas a la vez me piden cosas distintas, poseo a Dios con tanta tranquilidad como si estuviera de rodillas ante Dios y el cielo.
—Hermano Lorenzo, *página 26*

Nehemías era copero del rey Artajerjes. Cuando supo que los muros de Jerusalén estaban en ruinas, dijo: "me senté a llorar; hice duelo por algunos días, ayuné y oré al Dios del cielo" (Nehemías 1:4). Luego elevó una ambiciosa oración para que los muros de Jerusalén fueran reconstruidos. Al final de su extensa súplica, añadió una nota: "Yo era copero del rey" (1:11). Nehemías tenía en su corazón el deseo de construir grandes muros, pero se veía como un humilde copero.

Después pasó cuatro meses más en oración antes de pedirle al rey permiso para regresar a Jerusalén. El rey notó su semblante triste y le preguntó qué quería, pero antes de responder, Nehemías oró de nuevo (ver 2:4). Me parece notable que, aunque ya había pasado meses en oración, aún sintiera la necesidad de orar más antes de hablar. También es digno de mención que esas semanas de alabanza y súplica expandieron la visión y confianza de Nehemías: ya no se veía como un copero, sino como un restaurador de ciudades. Le pidió a Artajerjes que le permitiera reconstruir los muros de Jerusalén, una solicitud que podría haber llevado a un sirviente a la horca (ver 2:5).

La oración había transformado a Nehemías en un hombre de gran visión. ¿Te falta valor, confianza y visión? Pasa tiempo significativo en oración, y te sorprenderá de quién puedes llegar a ser en Cristo.

Meditación: ¡Pídele a Dios que te muestre su visión del reino y cómo puedes ser parte de ella!

77
Él va contigo

Yo sé que, para llegar a este estado de consuelo respecto a nuestra enfermedad, el comienzo es muy difícil; porque debemos actuar puramente por fe. Pero, aunque es difícil, sabemos también que podemos hacer todas las cosas con la gracia de Dios, que nunca la niega a aquellos que la piden sinceramente.

—Hermano Lorenzo, *página 61*

Después del accidente en el que quedé paralítica, me aterraba el futuro. Pensaba que si tan solo Dios me diese la seguridad de que todo saldría bien, podría confiar en Él.

Mis preocupaciones no eran tan diferentes a las de Moisés. Después de que el pueblo de Dios se rebelara, el Señor le dijo a Moisés que se levantara y guiara al pueblo más allá del desierto hacia Canaán. Moisés, un poco inseguro sobre lo que vendría, le respondió al Señor: "Tú me has estado diciendo: "Lleva a este pueblo a la Tierra Prometida"... Si es cierto que me miras con buenos ojos, permíteme conocer tus caminos, para que pueda comprenderte más a fondo" (Éxodo 33:12-13, NTV). En otras palabras: "Señor, hazme saber lo que tienes en mente, lo que planeas hacer y cómo saldrá todo. Entonces me sentiré feliz de guiar a tu pueblo". El Señor simplemente respondió: "Yo mismo iré contigo, Moisés" (Éxodo 33:14, NTV). ¿Eso es todo? Moisés esperaba detalles, un plan, el esquema completo. Quería seguridad sobre el futuro.

Cuando Dios nos da una directriz, antes de aventurarnos queremos saber qué tiene en mente. "Déjame saber el camino por el que me llevas, Señor". Pero Dios no despliega el plano; Él mismo es el plano. Si insistimos en querer conocer el camino, recordemos que Jesús es el Camino. Una vez que comencé a avanzar en mi silla de ruedas hacia el futuro, casi pude escuchar las palabras de Éxodo: "Yo mismo iré contigo, Joni". Y durante más de medio siglo, Él ha estado conmigo.

Meditación: ¿Preocupado por el futuro? Su presencia es lo único que necesitas. Dale gracias por ello.

78
Devoción constante

Toma de inmediato una resolución santa y firme de no olvidarlo nunca más de manera deliberada, y de pasar el resto de tus días en su sagrada presencia, privado, por amor a Él, de toda consolación si Él lo considera oportuno.
—Hermano Lorenzo, página 43.

No quiero esperar al cielo para que mi corazón rebose de devoción constante a Jesús. Quiero un corazón grande para Él ahora. Así que, en lugar de inclinarme hacia las cosas terrenales, corro hacia las cosas celestiales. Le digo a Dios: "Corro por el camino de tus mandamientos, porque me has dado mayor entendimiento" (Salmos 119:32). Anhelo un corazón espacioso y amplio para Dios. Como el antiguo puritano Richard Baxter, sigo empujando mi corazón hacia la presencia de Jesús:

> Lleva tu corazón una vez más y guíalo de la mano... Muéstrale el reino de Cristo y su gloria. Dile a tu corazón: "Todo esto te dará tu Señor... Esta es tu herencia. Esta corona es tuya. Estos placeres son tuyos. Este hermoso lugar es tuyo. Todas las cosas son tuyas, porque eres de Cristo y Cristo es tuyo...
>
> Persevera un poco más, oh alma mía, y soporta las debilidades de tu tabernáculo terrenal, pues pronto descansarás de todas tus aflicciones...
>
> Levántate y actúa; corre, esfuerza, lucha y persevera, porque tienes ante ti un premio glorioso seguro[20].

Los creyentes que están contentos con conocer poco de Dios suelen contentarse también con una devoción pequeña hacia Él. No puedo conformarme con eso. Sigo rindiendo las cámaras ocultas de mi corazón al Espíritu. Ocupar mi corazón con nuevos afectos hacia mi Salvador. ¿Por qué no iba a estar mi corazón puesto en Jesucristo cuando tanto de su corazón está puesto en mí?

Medita: ¿De qué maneras puedes manejar mejor tu corazón?

79
Los ídolos no satisfacen

La práctica de la presencia de Dios no fatiga mucho al cuerpo; sin embargo, es adecuado privarlo a veces, incluso con frecuencia, de muchos pequeños placeres que son inocentes y lícitos. Porque Dios no permitirá que un alma que desea estar completamente dedicada a Él tome otros placeres que no sean con Él.

—*Hermano Lorenzo, página 44*

Mi amiga Diana luchó durante muchos años con un peso poco saludable. Escribió: "Joni, durante décadas me he aferrado al 'ídolo inútil' de la adicción a la comida para calmar temporalmente todo el dolor y el estrés de mi vida". Bueno, Diana hizo algo al respecto. Dejó de alimentar su adicción y ha perdido más de noventa libras. ¿Qué la inspiró? Jonás 2:8: "Los que siguen a ídolos vanos abandonan el amor de Dios".

Cuando cedemos a placeres que nos hacen daño, perdemos la gracia; es decir, el poder divino para vivir como deberíamos. Cristo tiene un almacén diario de favor, fortaleza, paciencia, placer, resistencia, gozo abundante, discernimiento sobrenatural, provisión milagrosa y tiempo providencial, pero renunciamos a todo eso cuando preferimos a nuestros ídolos. ¿Qué ídolos? Podrían ser la televisión, los videojuegos, la opinión de las personas, los deportes, Instagram, el estado civil, el alcohol, la posición social, ciertas relaciones o incluso un gran plato de galletas. Cuando nos decimos a nosotros mismos que "no podemos vivir sin esa persona" o "no podemos prescindir de esto" o "necesitamos aquello", estamos siendo idólatras.

Si sigo alimentando mis apetitos carnales, mi alma reflejará esos mismos deseos bajos y egoístas. Si mi corazón está cautivado por las bellezas de Cristo, mi alma reflejará esa misma grandeza. *Eso* es lo que quiero. Mis mejores ángeles me dicen que los ídolos no se comparan con el valor incomparable de Jesús. Hoy, suelta tu agarre sobre las cosas y personas que "debes tener" y descubre un depósito de dulce y fortalecedora gracia en Cristo.

Medita: Cuando te aferras a un ídolo disminuyes tu alma, convirtiéndote en menos de lo que podrías y deberías ser.

80
Consuelos innumerables

El amor endulza los dolores; y cuando uno ama a Dios,
se sufre por Él con alegría y valor. Haz lo mismo,
te pido; consuélate con Él, que es el único Médico
de todos nuestros males.
—Hermano Lorenzo, *página 59*

El Señor se complace en llamarse a Sí mismo: "el Dios de toda consolación" (2 Corintios 1:3 RVR60). No ofrece tan solo un poco de consuelo o algo de consuelo, sino todo lo que el cielo puede brindar para tu necesidad. Él te ofrece innumerables consuelos a través de incontables canales. Para Dios, un solo medio nunca es suficiente; Él te inunda de su consuelo a través de mil afluentes, buscando sostenerte donde más te duele. Lo sé porque lo he experimentado.

Cuando estás herido, es difícil encontrar palabras más personales que las de Isaías 46:4; en ese momento, Dios no habla a través de un profeta o de otro mensajero, sino directamente contigo, diciéndote con ternura: "yo seré el mismo, yo los sostendré. Yo los hice y cuidaré de ustedes; los sostendré y los libraré". Es una promesa: *Él te sostendrá*. Dios apuesta su carácter en ello.

Quizás la expresión más conmovedora del consuelo de Dios está en Isaías 49:16. Mira las manos de tu Salvador y escúchalo decir: "Mira, he escrito tu nombre en las palmas de mis manos" (NTV). Cuando el Hijo de Dios graba nuestros nombres en su "carne", es mucho más que *Joni, Ken, Bobby* o *Jessica*. Es todo lo que tu nombre representa. Si ha tallado tus muchos dolores y preocupaciones en su palma, ¿no cuidará Él tus problemas más pequeños? ¡Ha grabado cada uno de ellos en Sí mismo! Tiene más compasión por tus fragilidades de lo que jamás podrías imaginar.

Medita: *Dios compromete todo su ser en sostenerte y consolarte.*

81
Vuelve tu alma

No hay en el mundo un tipo de vida más dulce y placentera
que la de una conversación continua con Dios: solo aquellos
que la practican y la experimentan pueden comprenderla.
Sin embargo, no te aconsejo que lo hagas con ese motivo;
no es el placer lo que debemos buscar en este ejercicio,
sino hagámoslo por un principio de amor y porque
Dios así lo desea.
—Hermano Lorenzo, *páginas 42-43*

Ocasionalmente la miseria de la parálisis y el dolor interminable hacen que orar parezca imposible, como si estuviera tratando de alcanzar las estrellas. Incluso cuando reúno fuerzas para orar las palabras murmuradas suenan vacías, desordenadas y divagantes. ¡Ah! Pero mi respiración es constante. Es estable, fiable y un regalo de Dios. Así que la aparto como una oración, la consagro y la entrelazo con palabras cuando es posible. Respirar es la expresión más simple de mi vida misma. Es el acto más fundamental e irremplazable de la experiencia humana y lo santifico cuando lo dirijo hacia el cielo. Mi parálisis puede drenarme las fuerzas, pero no es solo lo que digo lo que llega a Dios; también es el giro de mi alma hacia Él. Es levantar mi cabeza y, sí, mi respiración hacia el cielo. El sufrimiento puede empujarme hacia abajo, pero no puede impedir que me eleve. Por más que me aplaste, puedo levantar mi ser, mi aliento, hacia el cielo.

Sin embargo, si solo fuera mi aliento tenue, fracasaría en su camino hacia el cielo. He consagrado ese aliento y así mis pequeñas oraciones encuentran un amigo dispuesto en su trayecto hacia las estrellas. Dios es amable con mis inclinaciones dirigidas al cielo, incluso con mis oraciones de respiración, porque están santificadas y selladas por la sangre de Cristo. Por lo tanto sé que Dios escuchará y aceptará mi ofrenda más débil de sumisión silenciosa, inspirada y expirada.

Medita: Sigue dirigiendo tu alma hacia Dios, porque "en él vivimos, nos movemos y existimos" (Hechos 17:28).

82
Aprecia sus bendiciones

Cuando, en ocasiones, no había pensado en Dios por un buen tiempo, no me sentía perturbado por ello. Pero, después de haber reconocido mi miseria ante Dios, volvía a Él con una confianza aún mayor en Él.
—Hermano Lorenzo, páginas 16-17

Los cristianos somos como peces que nadan en un océano cultural de derecho propio: nuestra sociedad ha despojado a los derechos personales de su fundamento bíblico y cualquier discusión sobre derechos se ha convertido en una competición agotadora para demostrar quién es la mayor víctima. Esto no puede sino generar división y sospecha. Tristemente, nuestras mentes se han saturado de esta visión del mundo centrada en el yo. Queremos un Dios que respalde nuestros planes, uno sobre el cual podamos proyectar nuestros deseos y anhelos. Convertimos a Dios en nuestro cómplice: alguien en quien podemos confiar, siempre y cuando haga nuestra voluntad. Si Dios hace algo extraño, lo mantenemos en nuestro vocabulario, pero discretamente hacemos clic en "cancelar suscripción" y lo eliminamos silenciosamente de nuestras vidas.

Los cristianos estamos "crucificado[s] con Cristo"; estamos muertos a nosotros mismos (Gálatas 2:20). No tenemos derechos, por lo que no estamos en posición de reclamar nada. Así, cuando Jesús elige bendecirnos, ciertamente estamos agradecidos, pero también somos astutos como serpientes. Reconocemos lo fácilmente que podemos convertir estas bendiciones en ídolos. En el esquema de las cosas de Dios nadie tiene derecho a nada. Tan pronto como venimos a Jesús, su Espíritu nos advierte:

> No se amolden al mundo actual, sino sean transformados mediante la renovación de su mente. Así podrán comprobar cómo es la voluntad de Dios: buena, agradable y perfecta. (Romanos 12:2)

Medita: Practica la presencia de Jesús muriendo a ti misma y recibiendo las bendiciones como los gloriosos regalos que son.

83
Dios es para ti

La inquietud de no estar tan dedicado a Dios como deseaba, mis pecados pasados siempre presentes en mi mente, y los grandes favores inmerecidos que Dios me otorgaba, eran la causa y fuente de mis sufrimientos. Durante este tiempo caí con frecuencia, pero me levantaba de inmediato. Me parecía que las criaturas, la razón e incluso Dios mismo estaban en mi contra; y solo la fe era mi sostén.

—*Hermano Lorenzo, páginas 31-32*

Cuando leo esta declaración del Hermano Lorenzo, respondo:

> ¿Qué diremos frente a esto? Si Dios está de nuestra parte, ¿quién puede estar en contra nuestra? El que no escatimó ni a su propio Hijo, sino que lo entregó por todos nosotros, ¿cómo no habrá de darnos generosamente, junto con él, todas las cosas? (Romanos 8:31-32)

Sí, peco, pero Dios sigue estando a mi favor. Él está tan "a mi favor" que su Hijo permaneció atravesado en la cruz hasta que cada vestigio de mi pecado fue pagado. Dios salvó al hijo amado de Abraham diciéndole que no hundiera el cuchillo en el pecho de su niño... pero Dios no salvó a su Hijo. Dios sacrificó a Jesús porque era la única manera de evitarnos la muerte a ti y a mí.

Dios ciertamente, sin duda ni posibilidad de fallo, nos "dará generosamente todas las cosas". A menudo, me acuesto por la noche enumerando "todas las cosas" que me da, como valor, gozo, esperanza y paz. Tengo la garantía de que, sin importar cuán atroz sea lo que se oponga a mí, fallará con toda seguridad. Los demonios pueden embestirme con sus arietes, pero ninguno de sus ataques tendrá significado alguno. Sus amenazas incluso se convierten en un beneficio para mí; el Dios Todopoderoso promete tomar cada presión y dolor, despojarlo de su poder dañino sobre mi alma y darme poder sanador en su lugar. Me fortalezco con estos recordatorios. Porque, aunque cualquier otra cosa me decepcione, aunque todo lo demás falle y se derrumbe, esto jamás, nunca, se derrumbará: Dios está a mi favor.

Medita: ¿Cómo te está dando Dios todas las cosas con gracia?

84

Un paso de fe

Sin embargo, es necesario poner toda nuestra confianza en Dios, dejando a un lado todas las demás preocupaciones, e incluso algunas formas particulares de devoción, aunque muy buenas en sí mismas, pero en las que a menudo uno se involucra de manera irracional. Esto se debe a que esas devociones son solo medios para alcanzar el fin; y, al practicar la presencia de Dios, estamos *con Él*, quien es nuestro fin.
—Hermano Lorenzo, *página 45*

Una vez estaba retrocediendo mi silla de ruedas fuera de mi camioneta en una pendiente empinada. Fue aterrador. La camioneta estaba inclinada, lo que hacía que la rampa fuera aún más pronunciada. Ken estaba detrás de mí sujetando los mangos de mi silla y diciéndome: "Está bien, Joni, ¡te tengo!". Yo tenía mis dudas. Pero había otras personas observándonos lo que significaba que tenía que tomar una decisión. Podía hacer que mi esposo se sintiera bien al ver que confiaba en él y salir a ciegas de la camioneta, o podía hacerle parecer descuidado e indigno de confianza al negarme a moverme. Lo que decidiera demostraría lo que pensaba sobre el carácter de Ken y mi confianza en su palabra.

Enfrenté esa misma decisión cuando me rompí el cuello. Tenía grandes dudas sobre el propósito y el plan de Dios y no estaba segura de que se pudiera confiar en Él. Tenía una elección. Podía hacer que Dios se sintiera bien porque confiaba en Él y entrar a ciegas en una vida de parálisis, o podía hacer que se sintiera mal insistiendo en que Él era injusto. Podía glorificar su reputación o mancharla. Mi decisión demostraría a todos los que me observaban lo que creía respecto a Dios y la fiabilidad de su Palabra. Al final di un paso de fe y puse mi futuro en sus manos. Nunca me he arrepentido de ello.

Lo mejor que puedes hacer por ti mismo, así como por las personas que te rodean, es confiar en Dios. Cuanto más difíciles sean las cosas, mejor testimonio darás de Dios cuando pongas tu fe en Él.

Medita: Haz que Jesús se vea magnífico hoy. ¡Confía en Él!

85
Digna del evangelio

Era muy consciente de mis fallos, pero no me desanimaba por ellos; se los confesaba a Dios y no argumentaba en su contra para excusarlos. Cuando lo había hecho, retomaba pacíficamente mi práctica habitual de amor y adoración.
—Hermano Lorenzo, *página 14*

Porque soy cristiana, Dios me ha dado una nueva naturaleza inclinada a agradar a Jesús. Al mismo tiempo, sigo siendo una pecadora con inclinación a usar mi propia conducta como estándar de virtud. Con facilidad mido mi justicia por mi buen comportamiento, por lo misericordiosa, agradecida y generosa que creo ser. Cada cristiano lucha con esto, porque cuando nos juzgamos a nosotros mismos por nosotros mismos, es fácil convencernos de que estamos bien y de que vivimos como deberíamos. La misericordia, la gratitud, la generosidad y toda una lista de otras virtudes se convierten en "nuestras", como si se originaran en nuestro buen carácter. No es así. Más bien, "Yo le he dicho al Señor: 'Mi Señor eres tú. Fuera de ti, no poseo bien alguno'" (Salmos 16:2).

Por eso Dios nos dice que nos comportemos de una manera digna del evangelio (ver Filipenses 1:27). Así, miramos en el espejo perfecto de la ley de Dios. Cuando el evangelio es nuestro enfoque, por primera vez nos vemos con precisión. Si quieres obtener una evaluación verdadera de tus virtudes y tus fallos, sumérgete en lo que el evangelio requiere de ti. Entonces, como dice Filipenses 1:27, pase lo que pase, estarás mejor equipado para responder con honestidad y humildad de una manera digna del evangelio. Sin pretensiones, estarás listo para practicar el amor de Jesús.

Medita: "Yo le he dicho al Señor: Tú eres mi Señor; fuera de ti, no tengo bien alguno" (Salmos 16:2).

86
El pequeño recuerdo

Eleva tu corazón a Él, a veces incluso durante tus comidas y cuando estés en compañía: la más mínima remembranza siempre será agradable para Él.

—Hermano Lorenzo, *página 46*

Era temprano por la mañana y mi ayudante, Crystal, estaba ocupada dándome un baño en la cama, estirando mis extremidades y poniéndome el corsé. Mientras ella trabajaba, yo luchaba por saludar al día, ya que había dormido mal la noche anterior por un dolor intenso. Nuestra conversación giraba en torno a las rutinas diarias, incluida una nueva zona de presión en la cadera y lo que parecía ser un catéter de vejiga obstruido. Todo se sentía monótono y ordinario hasta que, de repente, ella comentó de manera casual: "¿No es bueno Jesús, manteniéndote tan saludable con todo lo que haces?". De repente, mi espíritu se alineó con la mañana soleada. Crystal dijo palabras de vida.

Proverbios 18:21 declara: "En la lengua hay poder de vida y muerte; quienes la aman comerán de su fruto". Aunque un día las personas tendrán que cosechar el fruto de sus palabras dañinas e hirientes, otras, como Crystal, serán gloriosamente recompensadas. Esa mañana, mi ayudante sin darse cuenta hizo mucho bien. Charles Spurgeon escribió:

> Nuestra lengua es la gloria de nuestro ser, y se nos ha dado para que podamos dar gloria a quien la creó. El habla articulada, que se le niega a las aves y a las bestias, se nos ha dado por esta razón principal: para que podamos alabar y magnificar articuladamente el nombre del Altísimo[21].

Dios nos dice en Isaías 57:19: "Yo soy el que crea fruto de labios: ¡Paz, paz...!" (RVA-2015). Fuimos creados para respirar palabras que den vida, esperanza y paz, como lo hizo Crystal... casi sin pensarlo.

Medita: Sé valiente. Sé intencional. Las pequeñas palabras de vida llegan lejos.

87

Trascender lo ordinario

No necesito ni arte ni ciencia para ir a Dios, sino solo un corazón resueltamente decidido a no aplicarse a nada más que a Él, o por su causa, y a amarlo únicamente a Él.
—Hermano Lorenzo, *página 19*

Me encanta crear acuarelas y pinturas al óleo. Como pintora, he creído durante mucho tiempo que la cultura secular no puede explicar por qué las cosas bellas importan. Ha perdido el significado de la belleza y se ha desconectado de la realidad, especialmente de la realidad espiritual que trasciende el mundo material. Hoy en día, nuestra cultura niega al supremo Creador Jesucristo y, en su lugar, abraza una fascinación por la fealdad. Esta inmundicia llena nuestros museos y habla a través de películas, música popular y libros. El arte de hoy —tan elogiado por los críticos— puede componerse de animales muertos en un tanque, montones de basura o urinarios. Llamar a estas cosas "arte" no solo despoja a la palabra de su significado; despoja a nuestro mundo de su significado.

La belleza nos recuerda, como nada más puede hacerlo, que hay mucho más en la vida que funcionar tan solo en un mundo material. La belleza nos lleva a cosas más altas, más nobles y exaltadas. Cuando escuchas un conmovedor concierto, contemplas una vista desde una alta montaña, saboreas una comida exquisita o te deleitas con los destellos de luz solar a través de un bosque, sabes instintivamente lo que es ser transportado de lo mundano a lo verdaderamente hermoso. Y de repente, la vida se llena de gozo y satisfacción; incluso podrías estar sufriendo terriblemente pero sentir que la vida vale la pena. Dios construyó la belleza en nuestro mundo como un testimonio de su propia hermosura, todo para que podamos experimentarlo. Debido a que Dios trasciende lo ordinario, pretende que la belleza haga lo mismo. El arte hermoso y la verdadera ciencia deberían llevarnos a pensamientos más elevados, ambiciones más nobles y afectos más elevados. Deberían señalarnos a Jesús.

Medita: ¿Cuáles son las bellezas en tu mundo que elevan tu espíritu?

88
Un alma tierna

Cuando somos fieles y nos mantenemos en su santa Presencia y la ponemos siempre delante de nosotros, esto no solo impide que le ofendamos o hagamos algo que pueda desagradarle, al menos de forma voluntaria, sino que también engendra en nosotros una libertad santa y, si puedo decirlo así, una familiaridad con Dios, con la cual pedimos, y lo hacemos con éxito, las gracias que necesitamos.

—*Hermano Lorenzo, página 29*

Basta una leve brisa para hacer que las hojas finas y frágiles de nuestro abedul tiemblen. Quiero que mi alma sea así. Cuando el Espíritu sopla en mi dirección y susurra: "Si ves esa serie en maratón, encogerá tu alma", apago el control remoto. Cuando el Espíritu insinúa: "Te veo recreando en tu mente tus éxitos y el orgullo me está alejando. ¿Realmente quieres eso?", respondo, "¡No quiero!". No quiero afrontar el día teniendo menos del Espíritu de Jesús, menos de su poder, dirección y consuelo en mi vida.

Anhelo *más* de Él. Me esfuerzo por hacer que mi alma esté receptiva. Quiero reaccionar con rapidez cuando el Espíritu habla. Quiero un alma que de inmediato se alinee, que salude con firmeza y diga: "Aquí estoy, soy tu sierva; habla, Señor". Anhelo ser instantáneamente obediente y absoluta en mi confianza, sin permitir que los pequeños pecados se infiltren como "pequeños zorros" que estropean mi cercanía con Cristo (ver Cantar de los Cantares 2:15). Oro: "Oh, Señor, sálvame de ser espiritualmente perezosa o que me endurezca por el pecado habitual, incapaz de ser tocada, empujada o incluso impulsada hacia Ti". Quiero un alma tierna. Puede que no sea sin pecado, pero puedo pecar menos. Con la ayuda del cielo, esto también puede ser para ti mientras ganas batallas en las pequeñas cosas. Se te ha encomendado la responsabilidad de mantener tu alma abierta a Cristo. La intimidad con tu Dios está en juego.

Medita: Vale la pena todo para tener un corazón puro y libre, flexible y sumiso a Jesús.

89
Dones abundantes

Me siento lleno de vergüenza y confusión, cuando reflexiono, por un lado, sobre los grandes favores que Dios me ha hecho y sigue haciéndome sin cesar y, por otro lado, sobre el mal uso que he hecho de ellos y mi escaso avance en el camino de la perfección.

—Hermano Lorenzo, *página 50*

Supongamos que un hombre llama a tu puerta una mañana y te entrega cien dólares. Sonríe y dice que no hay condiciones. El billete es simplemente un regalo. Te llenarías de agradecimiento. Imagina tu alegría si al día siguiente regresara con otros cien dólares gratis y continuara así durante toda una semana. Tú quedas sin palabras de gratitud.

Ahora, supón que sigue con esta rutina durante los siguientes seis meses, dándote un billete de cien dólares cada día. Después de tanto tiempo tu aprecio podría disminuir, ya que has llegado a esperar su regalo, incluso a depender de él. Si el hombre se retrasara, podrías sentir un poco de molestia. Pronto solo pones una nota en la puerta: "Deja mi regalo en el buzón, por favor". Finalmente, después de doce meses, los regalos diarios cesan. Miras por la ventana y, para tu sorpresa, ves al hombre ahora dándole los regalos de cien dólares a tu vecino. *¡Cómo se atreve!*, piensas. *¿Dónde están mis cien dólares?* Te sientes despreciado por el donante y hasta resentido. "Me levantó, solo para decepcionarme", te enfureces. ¡Y, sin embargo, qué irracional es responder así a la generosidad!

No debo dar nunca por sentados los regalos de Dios. Cada mañana, cuando me siento en mi silla de ruedas, lo primero que veo a través de la ventana del salón son nuestras rosas del jardín trasero y un baño para pájaros. Veo los altos robles plateados junto a nuestra cerca y las montañas de Santa Mónica a lo lejos. Ya sea que esté soleado o llueva afuera, todo es hermoso de contemplar. Es un regalo abundantemente generoso que Dios me entrega cada día.

Medita: Abre tus ojos a los regalos de Dios hoy...
y regocíjate en sus muchas misericordias.

90
Esta copa

Debemos entregarnos a Dios, tanto en lo temporal como en lo espiritual, y buscar nuestra satisfacción únicamente en el cumplimiento de su voluntad, ya sea que Él nos conduzca por medio del sufrimiento o de la consolación, porque todo sería igual para un alma verdaderamente resignada.
—*Hermano Lorenzo, página 9*

En Lucas 22, vemos a Jesús en el Jardín de Getsemaní en las primeras horas de la mañana antes de su crucifixión. Está arrodillado, gimiendo y sollozando de horror. Ya está mirando el mal puro que hierve en la copa a punto de beber. Temblando, suplica: "Padre, si quieres, pasa de mí esta copa" (Lucas 22:42 RVR60). En otras palabras, "Padre, estoy enfrentando un infierno aquí, así que, si hay otro camino a través de esto, preferiría tomarlo. No la cruz". Pero en la siguiente respiración, añade: "Pero no se haga mi voluntad, sino la tuya". Con esas palabras, todo quedó resuelto. Jesús consideró que la obediencia a Dios era más importante que tomar un desvío alrededor del Calvario.

Yo tengo mi propio pequeño Getsemaní, por decirlo de alguna manera. Lucho con dolor crónico y, como mi Salvador, a menudo oro: "Señor, estoy enfrentando el infierno aquí, así que te pido que apartes esta copa de dolor de mí". Pero, como Cristo, añado esa importante cualificación: "No se haga mi voluntad, sino la tuya".

La respuesta que escucho con mayor frecuencia es: "Debes beber esta copa". No es la respuesta que espero, pero cumplo de buena gana porque valoro la voluntad de Dios por encima de todo. Si fuera sanada, pero separada de Dios, no tendría nada. Peor aún, estaría eligiendo beber de una copa de maldad, porque nada es más aterrador que ignorar su voluntad. Hay cosas más importantes que vivir una vida sin dolor y estar en medio de la voluntad de Dios es una de ellas.

Medita: ¿Hay una copa difícil que Dios ha puesto ante ti? ¿Cómo responderás?

91

Santa determinación

Debemos... *avivar nuestra fe*. Es lamentable que tengamos tan poca; y que, en lugar de tomar la *fe* como la norma de su conducta, los hombres se entretengan con devociones triviales, que cambian a diario.
—Hermano Lorenzo, *página 8*

Soy una mujer de fe. Cuando digo esto, no me refiero a ser una persona que solo asiente *mentalmente* a los principios fundamentales de la religión cristiana. Si mi fe solo significara lo que creo acerca de Cristo en mi mente, no sería fe en absoluto. La fe en Cristo siempre permanecerá en el ámbito de la teoría y las sombras, ambigua y difusa, hasta que sea puesta a prueba y llevada a la acción. La fe necesita *ejercicio*, para que cuando alguien me pregunte: "¿Quién es este Jesús y qué crees tú sobre Él, Joni?", pueda responder con confianza: "Él es mi fuente de gozo en todas mis aflicciones y déjame demostrarlo por la forma en que confío en Él".

La *fe* es solo una palabra —una palabra religiosa y elegante— hasta que se pone en práctica y se desgasta; hasta que emerge del trabajo de la vida con un poco de "arena santa". Lejos de ser etérea, la fe es "la substancia de lo que se espera, la demostración de las cosas que no se ven" (Hebreos 11:1, RVA-2015). La fe en Cristo tiene sustancia; en otras palabras, mi fe es una prueba sólida de la atracción y del poder de Jesucristo. Mi fe también es la prueba de cosas que no puedo ver, pero en las que arriesgo mi propia vida. No puedo ver el mejor mundo que Jesús ha asegurado para mí, pero pongo mi corazón en él; acumulo tesoros allí; elevo mis oraciones a su trono allí; espero los nuevos cielos y la nueva tierra, la resurrección de los muertos y la vida del mundo venidero. Tener gran fe es anhelar mucho por nuestro mejor país en lugar de conformarnos con los placeres pasajeros de esta vida.

Medita: ¿Cómo ejercitarás tu fe hoy?

92
Fuerza para soportar

Toma valor, ofrécele tus dolores de manera constante, ora a Él por la fortaleza para soportarlos. Sobre todo, adquiere el hábito de entretenerte con Dios a menudo, y olvídate de Él lo menos posible. Adóralo en tus enfermedades, ofrécete a Él de vez en cuando; y en el auge de tus sufrimientos, pídele humildemente y con afecto (como un hijo a su padre) que te haga conforme a su santa voluntad.

—Hermano Lorenzo, página 57

Cuando estás padeciendo dolor, Jesús siente el pinchazo. Él siente el filo de su cuchillo y la forma en que debilita tu resolución. Jesús percibe la urgencia de tu dolor. Para Él eres como la mujer que tocó el borde de su manto, desamparada, herida y desangrándose de fuerza humana (ver Lucas 8:43-48). Cuando tu necesidad temblorosa lo toca, de Él sale poder hacia ti, desde su esencia misma. Es exactamente lo mismo que "la fuerza grandiosa y eficaz que Dios ejerció en Cristo cuando lo resucitó de entre los muertos y lo sentó a su derecha en las regiones celestiales" (Efesios 1:19-20). El poder de Cristo infunde posibilidades en situaciones completamente imposibles. Incluso en un dolor tan imposible como el tuyo.

Si Dios puede resucitar a los muertos —y lo hace, sin lugar a duda— puede levantarte del desesperante dolor de tu sufrimiento. El incomparable gran poder de Cristo está a tu alcance. Así que acércate lo suficiente a Jesús para tocar el borde de su manto. Él te dará poder. Poder para soportar, aferrarte a la esperanza y encontrar valor; poder que te llevará a través de los peores momentos. No tanto el poder para dominar tus circunstancias, sino para encontrar a tu Maestro en ellas. Oh, amigo, que tu mano temblorosa pueda extenderse y detener a Dios Todopoderoso en su camino, debería infundir coraje en tu corazón.

Medita: Que el borde del manto de Jesús sea tu lugar más atesorado de esperanza y sanación hoy.

93
Juntos

Oraré por ti; ¿oras tú instantáneamente por mí, que soy tuyo en nuestro Señor?
—Hermano Lorenzo, página 41

Cuando Nehemías estaba reconstruyendo los muros derrumbados de Jerusalén, los trabajadores estaban esparcidos a lo largo del perímetro de la ciudad. Eran blancos fáciles para el enemigo, así que Nehemías les advirtió: "La obra es muy extensa y nos encontramos muy separados unos de otros a lo largo de la muralla. Cuando oigan el sonido de la trompeta, corran hacia el lugar donde esta suene. ¡Entonces nuestro Dios peleará por nosotros!" (Nehemías 4:19-20, NTV).

Ahí está tu plan de batalla. Satanás está decidido a frustrar e incluso detener tu trabajo en el reino de Cristo. Su táctica es separarte de tus amigos de oración; de esa manera, sus posibilidades de derribarte son más fuertes. No dejes que eso ocurra. No vayas solo y no sientas vergüenza de confesar tu necesidad a los demás. Cuando me siento abrumada por el trabajo, agotada por el dolor o espiritualmente letárgica, sé que estoy vulnerable así que toco la trompeta. Ya sea por mensaje de texto, llamada telefónica o correo electrónico mando la palabra: "¡Ayuda, necesito oración!".

Cuando estés en angustia, experimentando desánimo o sintiéndote abrumado, apóyate en tus amigos guerreros quienes, al escuchar el llamado de tu trompeta, correrán a ti con recursos: una palabra de aliento, intercesión intensa, un versículo apropiado o el calor de su presencia. Todo ello transmite la fuerza de la unidad que Dios usa para pelear por su pueblo. "el Señor tu Dios, está en medio de ti como poderoso guerrero que salva" (Sofonías 3:17). Pide con alegría a tus amigos cristianos que te ayuden a llevar las carga, porque tu poderoso y misericordioso Salvador siempre nos da nuevas provisiones de fuerza y resistencia.

Medita: ¿Estás bajo ataque espiritual? Deja todo y llama a un amigo.

94
Amar las grietas

> Dios sabe lo que es mejor para nosotros, y todo lo que
> Él hace es para nuestro bien.
> —Hermano Lorenzo, página 61

Kintsugi es un método japonés para reparar la cerámica rota. En lugar de ocultar las líneas de una fractura, el alfarero incorpora la grieta en una hermosa nueva vasija en la que todos los lugares rotos son visibles y se resaltan con oro. Lo que estaba roto se convierte en una gloriosa obra de arte que trata la rotura como parte de la historia de la vasija, en lugar de algo que esconder o desechar. Lo que se conoce como "uniones doradas", refleja la habilidad artística del alfarero[22].

Dios hace *kintsugi* en su pueblo todo el tiempo. Cuando nuestras vidas son destrozadas por una terrible prueba, Él nos reconstruye de una manera que no oculta nuestras heridas sino que las incorpora a nuestra historia personal de redención. Nuestras vidas se vuelven más ricas y atractivas que antes de la prueba; es el resultado de la redención a través de Cristo. Dios no tiene la intención de ocultar tus lugares rotos; Él muestra su gracia a través de ellos para que otros admiren la elegancia de su *kintsugi* en tu vida. Todo es para su gloria y para tu bien.

Dios es un alfarero maestro que disfruta redimiendo las cosas rotas. Y aunque una prueba dolorosa no tenga promesa alguna de bien en el momento, Dios te promete:

> Nunca dejaré de estar con ellos para mostrarles mi favor; pondré mi temor en sus corazones, así no se apartarán de mí. Me regocijaré en favorecerlos y con todo mi corazón y con toda mi alma [crearé un hermoso *kintsugi* con ellos] (Jeremías 32:40-41).

Medita: Entrégale los pedazos rotos de tu vida.
Él tiene algo hermoso en mente.

95
Un remedio

Cuando la mente, por falta de disciplina al principio de nuestra dedicación a la devoción, ha adquirido ciertos malos hábitos de dispersión y distracción, estos son difíciles de superar, y comúnmente nos arrastran, incluso en contra de nuestra voluntad, hacia las cosas de la tierra. Creo que un remedio para esto es confesar nuestras faltas y humillarnos ante Dios.

—Hermano Lorenzo, *página 48*

Jesús enseñó una forma de vivir una y otra vez: "Les aseguro que, si la semilla de trigo no cae en tierra y muere, se queda sola. Pero si muere, produce mucho fruto" (Juan 12:24). La lección es dura. A menos que permitas que Jesús te empuje hacia lo más profundo en el oscuro suelo del sufrimiento, permanecerás solo en la superficie de la vida. Tu pequeño ser, como una semilla, permanecerá duro, seco, inflexible, improductivo y a merced de los vientos. Ningún bien eterno se producirá en ti ni a través de ti.

En cambio, cuando permites que Dios te rompa con ternura, las cosas cambian. Tu pequeño ser muere. Te vuelves humilde, dispuesto a descender a un lugar oscuro todo el tiempo que Dios desee. Allí, ocurre una maravillosa transformación. Plantado en la voluntad de Dios, tu muerte al yo produce una abundancia de paz y gozo en tu corazón y Dios trae una cosecha abundante de vidas transformadas a tu alrededor.

Es uno de los principios de Cristo: la muerte produce vida. Negar los deseos y las preferencias de tu corazón lleva a una vida espiritual rica en Cristo. Te conviertes en el tipo de persona que Dios usa poderosamente en su reino. Alabado sea Dios, que ha transformado el oscuro suelo de tu sufrimiento en un lugar de gozo resucitado. Esta mañana, y a lo largo de tu día, proponte morir a ti mismo y resucitar en Jesús. Es el ritmo de una vida espiritual saludable.

Medita: Debemos morir cada día al yo. ¿Qué significa eso para ti hoy?

96
Sanidad más profunda

Dios a menudo envía enfermedades del cuerpo para curar
las del alma. Consuélate con el soberano Médico tanto
del alma como del cuerpo.
—Hermano Lorenzo, *página 55*

A menudo los cristianos me preguntan si pueden orar por mi sanación. Siempre recibo con agrado las oraciones del pueblo de Dios, pero después de todo, Dios no me ha levantado de esta silla de ruedas.

Cuando las personas quieren orar por un milagro, les doy una lista de peticiones específicas (esto siempre los emociona). Les pido que oren por una sanación más profunda de lo que podrían esperar. Les indico: "¿Pueden pedirle a Dios que arranque mi actitud irritable cuando las cosas no salen como quiero? Oren para que Dios trate con mi pereza espiritual y mi egoísmo. Pídanle que me convenza cuando me guste ser el centro de atención, cuando guarde rencor por los errores de los demás o cuando valore ideas infladas sobre mi propia importancia. Pídanle que me avergüence cuando diga una cosa y haga otra". Por sus expresiones, puedo notar que no esperan este tipo de "especificaciones".

Jesús tiene prioridades, especialmente cuando se trata de la sanación física. El mismo Jesús que curó manos secas y ojos ciegos también declaró:

> Si tu mano o tu pie te hace pecar, córtatelo y arrójalo... Y si tu ojo te hace pecar, sácatelo y arrójalo. Más te vale entrar tuerto en la vida que con dos ojos ser arrojado al fuego del infierno (Mateo 18:8-9).

Jesús no murió para hacernos saludables, sino para hacernos santos. No vino para hacernos cómodos, sino para sanarnos de nuestra propensión al pecado. Las mejores curas tienen que ver con evitar el pecado y acercarnos más a Jesucristo. Es mejor que cualquier cantidad de caminar.

Medita: ¿Cómo podría este devocional cambiar tu forma de orar?

97
Gracia y gratitud

Él no requiere grandes cosas de nosotros; un pequeño
recuerdo de Él de vez en cuando, una pequeña adoración:
a veces orar por su gracia, a veces ofrecerle tus sufrimientos,
y a veces darle gracias por los favores que te ha dado
y sigue dándote, en medio de tus problemas,
y consolarte con Él tan a menudo como puedas.
—Hermano Lorenzo, página 46

No puedo hacer que mi corazón se sienta agradecido. Pero hay momentos en los que, acostada en la cama, con un dolor miserable, miro hacia arriba y, casi entre lágrimas, susurro: "Señor, estoy tan *feliz*". ¿Cómo es eso posible? No me regocijo en mi horrible dolor. Todo lo contrario. Me regocijo en el abundante derramamiento de gracia que Dios da en respuesta a ese dolor. Él escucha mi súplica, ve mi enorme necesidad y la llena con una gracia que es proporcional a mi dolor; de hecho, como Él es tan generoso, colma mi necesidad hasta desbordar. El resultado es que me sorprendo y me asombro con una felicidad pura. Mi gratitud está en proporción a lo mucho que necesito la gracia de Jesús y, cuando lo necesito con desesperación, su gracia prácticamente eclipsa mi agonía física.

Me encanta esta conexión entre la gracia y la gratitud. Hablando humanamente no debería estar feliz cuando estoy acostada en la cama, rígida de dolor, pero no puedo dejar de agradecer a Jesucristo por todo lo que ha hecho por mí.

La gratitud inspirada por la gracia de Dios altera completamente la faz de mi sufrimiento. Sé lo extraño que suena, pero allí en mi cama, soy libre para enfrentar cara a cara mi aflicción sin ansiedad ni miedo. No estoy desconectada del dolor; más bien, me comprometo con él de una manera saludable sabiendo que nunca, jamás, llegaré a comprender la profundidad del depósito de *gracia* que Dios tiene para mí en el sufrimiento.

Meditar: A menudo, agradecer a Dios no tiene nada que ver con sentir gratitud.

98
Fuera de la tumba

Las ideas inútiles lo arruinan todo: la maldad comienza ahí; pero debemos rechazarlas en cuanto percibamos su irrelevancia respecto al asunto que estamos tratando o nuestra salvación, y volver a nuestra comunión con Dios. Al principio, a menudo pasaba el tiempo destinado para la oración rechazando pensamientos dispersos, solo para caer nuevamente en ellos. Nunca pude regular mi devoción según ciertos métodos como otros hacen...
Todas las humillaciones corporales y otros ejercicios son inútiles, salvo en la medida en que sirven para llegar a la unión con Dios por amor... Descubrí que el camino más corto es ir directamente a Dios mediante un ejercicio continuo de amor, haciendo todas las cosas por su causa.

—*Hermano Lorenzo, páginas* 14-15

Hemos adornado al verdadero Salvador con tanto "rocío sobre las rosas" que muchas personas pierden el contacto con los hechos asombrosos de su resurrección. Apenas minutos antes de que María Magdalena llegara al sepulcro, el hombre estaba rígido, gris y muerto como una piedra. De repente, el cadáver sin vida se movió, abrió los ojos, se levantó de su losa y, mientras la tumba se abría misteriosamente, salió caminando hacia la noche fresca y oscura del jardín. Si esto no fuera el relato evangélico, pensaríamos que estamos leyendo una escena de una novela de terror. No es de extrañar que muchas de las personas que vieron al Cristo resucitado por primera vez se quedaran congeladas de miedo; unas horas antes Jesús era un cadáver; ¡ahora, Él está vivo!

Una imagen empalagosa de Jesús no requiere nada de nosotros; una idea nostálgica de Él no exige convicción ni compromiso. Carece de poder porque carece de verdad. Así que, por un momento, aparta los pájaros y los lirios y considera los hechos: un hombre muerto salió de su tumba. Y mientras lo hacía, este hombre, vivo con la gloria de Dios permeando cada fibra de su ser, demostró que había conquistado todas las fuerzas demoníacas de la oscuridad. Había satisfecho la ira y el juicio de Dios. Había derrotado al último gran enemigo: la muerte. La resurrección de Jesús se convirtió en la primicia de una cosecha abundante que pronto será recogida: la resurrección de todos los cristianos. Si le perteneces, un día recibirás un cuerpo como el suyo, perfectamente adecuado para el cielo y la tierra; y este mundo transitorio que tanto amas será como una vela comparada con el sol.

Medita: Profundiza en los misterios de la Resurrección y tu vida nunca será la misma.

99
Propósitos de Dios

Estate satisfecho con la condición en la que Dios te coloca: por muy feliz que me creas, te envidio en tus actuales enfermedades. Los dolores y sufrimientos serían para mí un gran paraíso, mientras sufriera con mi Dios; y los mayores placeres serían para mí el infierno, si pudiera saborearlos sin Él; toda mi consolación sería sufrir algo por su causa.

—*Hermano Lorenzo, página 56*

El otro día leí estas palabras tan profundas en Salmos 84:11: "No quitará ningún bien a los que andan en integridad" (RVR60). Fue una promesa tan profunda que decidí buscar la palabra "bien" en el diccionario. *Merriam-Webster* la define como cualquier cosa que sea rentable, agradable, ventajosa y placentera. Si juzgamos a Dios por esa definición, los buenos regalos que Él nos da deberían siempre ser agradables y placenteros. "Obviamente, no lo son", afirma la mujer que ha vivido medio siglo en una silla de ruedas.

Dios no está principalmente preocupado por nuestro confort y bienestar físico. Le importan esas cosas, pero lo que más le importa es el estado de nuestras almas. Entonces, ¿cómo leemos el Salmo 84? Si nuestro caminar es irreprensible, Dios no nos quitará la paz. No nos quitará la virtud, la fe ni el coraje. No nos quitará la gracia cuando acudamos a Él en necesidad. Seremos capaces de correr espiritualmente y no cansarnos; podremos caminar en fe y no desfallecer (ver Isaías 40:31). No nos quitará las oportunidades para sembrar su semilla ni para brillar con su luz. No nos quitará la paciencia, la perseverancia ni el favor de su cercanía y dulzura. No nos quitará el don de la alegría enviada desde el cielo. Ninguna de estas cosas les será quitada a los que caminan con rectitud.

Confía en Dios cuando todo parezca sin esperanza y Él hará tu alma valiente y firme. Si la vida parece insoportablemente difícil ahora mismo, recuerda que algunos de los mejores regalos de Dios deben desenvolverse en la oscuridad. Así que cree que Él está preparando algo bueno, un bien que durará por toda la eternidad.

Medita: ¿Qué "bien" te dio el Señor en medio de una prueba reciente?

100
Instrumento dispuesto

En las dificultades, solo necesitamos encontrar nuestro
camino de regreso a Jesucristo, y pedir su gracia,
con la cual todo se vuelve fácil.
—Hermano Lorenzo, *página 18*

Ken ha instalado un escritorio para la computadora donde puedo trabajar junto a nuestra puerta corredera de vidrio. Cuando necesito un descanso, relajo mis ojos sobre una placa en la pared de nuestro patio. Rodeada de macetas, flores y una casa para reyezuelos, reza: *Tan sumamente agradecida... Eternamente agradecida... Increíblemente bendecida.*

Independientemente de cómo me sienta, esas palabras siempre son mi camino de regreso a Jesucristo. Todo se vuelve fácil, como lo dice el Hermano Lorenzo, cuando reconozco que Jesús es una avalancha de ayuda y esperanza. Es abundancia de poder, paz y gozo. Su Espíritu corre hacia mí en un río turbulento de gracia interminable, siempre buscando el punto más bajo de mi vida y anhelando llenarme (siempre que me sienta vacía). Jesús busca el vaso dispuesto, no al cristiano que afirma: "Sí, la muerte y la resurrección de Cristo me benefician y, como creyente, estoy en la fila para recibirlos". Más bien, Jesús se deleita en el cristiano que declara: "¡Ayuda, ayúdame, Jesús! Estoy vacía; por favor, lléname".

No sería ese vaso dispuesto si no fuera por mi silla de ruedas. Así como el agua busca llenar el nivel más bajo, la gracia busca llenar al creyente más humilde. Hebreos 4:16 dice: "Así que acerquémonos confiadamente al trono de la gracia, para recibir la misericordia y encontrar la gracia que nos ayuden oportunamente". Ese es el punto. La gracia es para tiempos de necesidad. Cuanto más necesitado estás, mayor es tu capacidad para la gracia. El desafío para nosotros consiste en reconocer constantemente nuestra necesidad. La silla de ruedas lo hace por mí, por lo que estoy muy agradecida, eternamente agradecida e increíblemente bendecida.

Medita: ¿Dirías que estás tan agradecido... eternamente agradecido... increíblemente bendecido?

101
El hogar

Si en esta vida deseamos disfrutar de la paz del paraíso, debemos acostumbrarnos a una conversación familiar, humilde y afectuosa con Él: debemos evitar que nuestro espíritu se aleje de Él en cualquier ocasión: debemos hacer de nuestro corazón un templo espiritual, en el cual adorarlo sin cesar: debemos vigilarnos continuamente, para no hacer, decir ni pensar nada que pueda desagradarle. Cuando nuestras mentes están así empleadas en Dios, el sufrimiento se llenará de... consolación.
—*Hermano Lorenzo, página 60-61*

Me encanta cómo el Hermano Lorenzo se refiere a nuestro corazón como un templo espiritual. Mi corazón es donde reside el Espíritu de Jesús, por lo que quiero que sea un lugar adecuado y acogedor para Él. Un lugar donde Jesús se sienta como en casa, donde pueda entrar en cualquier habitación y encontrarla limpia y amueblada a su gusto. Quiero que mi corazón sea su lugar feliz.

Cuando leo cómo los buenos reyes del Antiguo Testamento —Salomón, Ezequías y otros— se esmeraban tanto en consagrar y adornar el templo en Jerusalén, veo una imagen de cómo debo gestionar mi propio corazón. Como los sacerdotes de antaño que tenían la responsabilidad de llenar el templo solo con cosas santificadas (artículos purificados y apartados para el culto), yo tengo la misma responsabilidad de llenar mi corazón con "todo lo verdadero, todo lo respetable, todo lo justo, todo lo puro, todo lo amable, todo lo que es digno de admiración" (Filipenses 4:8). Como los levitas, que cantaban sobre la dignidad de Dios en los atrios del templo, tú y yo somos "descendencia escogida, sacerdocio regio… para que proclamen las obras maravillosas de aquel que los llamó de las tinieblas a su luz admirable" (1 Pedro 2:9). Quiero que mi corazón-templo sea un lugar de cántico y adoración, de luz maravillosa donde la Luz del Mundo brille en casa, en deleite y lleno de gozo.

Medita: A Jesús le encanta vivir en un corazón feliz.

102
Gracia de trabajar bien

Así que, igualmente, en mi trabajo en la cocina (al cual naturalmente tenía gran aversión), al acostumbrarme a hacer todo allí por amor a Dios, y con oración, pidiendo en todo momento su gracia para hacer bien mi trabajo, encontré todo fácil, durante los quince años que he estado empleado allí.
—Hermano Lorenzo, *página 13*

Jesús estaba tan debilitado por la brutal flagelación que tropezó y se desplomó bajo el peso de su propia cruz. Entonces, los soldados obligaron a un transeúnte llamado Simón a cargarla. Y, como ese hombre desprevenido en la multitud, nosotros también somos transeúntes. Permanecemos como extraños, distantes de la necesidad ajena, observando educadamente desde lejos... hasta que Dios nos presiona para servir.

Quizás eres un espectador que normalmente no se involucraría, pero tu tía se está recuperando de un derrame cerebral y necesita ayuda. Tu vecino acaba de regresar del hospital y necesita asistencia. Un conocido en tu iglesia fue diagnosticado recientemente con cáncer y requiere ayuda con las tareas del hogar. Esas necesidades comunes no parecen trabajo del reino, pero, si sientes aunque sea la más ligera presión para prestar una mano, puedes estar seguro de que es el Rey quien te está presionando para su servicio. Todo para que, como Simón, puedas ayudar a un extraño vacilante a cargar su cruz. Sí, tus planes serán interrumpidos y sentirás agobio, pero ¿cuándo *no* ha sido sacrificial el servicio cristiano? ¿Cuándo cargar con la cruz no ha proporcionado dolor, inconvenientes y costo? Es la naturaleza de cada acto de servicio cristiano, porque cuando levantas las necesidades de los demás sobre tus hombros, es como una cruz: pesada, incómoda y que requiere mucho esfuerzo. Así que recuerda Colosenses 3:24, pues "ustedes sirven a Cristo el Señor". El trabajo es duro, pero su gracia es *tuya*.

> *Medita: Ayuda a cargar una cruz pesada sobre los hombros de otro... estarás sirviendo como Simón.*

103

La mente errante

No eres el único que se siente turbado por pensamientos errantes. Nuestra mente es extremadamente inquieta; pero como la voluntad es dueña de todas nuestras facultades, debe llamarlas de vuelta y dirigirlas hacia Dios, que es su fin supremo.

—Hermano Lorenzo, *página 48*

La guerra espiritual es una pelea cuerpo a cuerpo con el diablo, ¿verdad? ¿Un combate ruidoso y tumultuoso que involucra por completo a nuestros pies y nuestras manos? Quizás no. Las batallas más intensas contra el Enemigo suelen ocurrir lejos de la vista, en el campo de batalla de nuestra mente. La guerra arde con fuerza en momentos solitarios: mientras estamos acostados en la playa, relajados en el sofá u hojeando una revista. En esos momentos privados, es fácil permitir que nuestros pensamientos vaguen a donde deseen. Rápidamente (y de forma natural), toman un rumbo equivocado. Tal vez una imagen impactante aparezca en nuestra mente y no somos rápidos para traerla a la luz o detenerla. Razonamos que, si no admitimos pensamientos pecaminosos, no nos pueden pedir cuentas. *¿Quién, yo? No estoy haciendo nada malo.* No estamos engañando a Dios; Él conoce nuestros pensamientos antes de que los pensemos (ver Salmos 139:2).

En última instancia, somos moldeados por aquello con lo que permitimos que se alimente nuestra mente. Cuando estés solo, recuerda que los pensamientos indulgentes y centrados en uno mismo determinarán quién serás en el futuro. En esos lugares secretos, haz equipo con el Espíritu Santo y eleva tus pensamientos hacia Dios y lo que le agrada. Cultiva una justicia cotidiana para que tu manera correcta de pensar te transforme en la persona que Dios quiere que seas. La próxima vez que estés solo y luchando, recuerda: "Sean transformados mediante la renovación de su mente" (Romanos 12:2). ¡Hazle daño al diablo hoy en el campo de batalla de tus pensamientos!

Medita: Pensar correctamente lleva a vivir correctamente, y esto deleita a Dios.

104

Ten valor

Te he dicho que, a veces, Él permite enfermedades corporales para curar las dolencias del alma. Ten valor, pues: haz de la necesidad una virtud. No le pidas a Dios que te libere de tus sufrimientos, sino que te dé la fortaleza para soportarlos con resolución, por amor a Él, todo lo que Él quiera y por el tiempo que Él lo disponga.
—*Hermano Lorenzo, página 59*

¿Murió Jesús para dar una vida próspera y cómoda a todos los que tienen suficiente fe para reclamarla? Juzga tú. Nuestro Salvador mismo fue pobre y la mayoría de los primeros cristianos también. Santiago fue decapitado. Pedro fue encarcelado. Esteban fue apedreado. Juan murió exiliado en una isla árida. Los cristianos en Jerusalén fueron expulsados de su ciudad. Pedro describió a los cristianos de toda Asia Menor como personas que sufrían aflicciones de toda clase (1 Pedro 1:6). Todos pertenecían a iglesias con problemas reales. Todos necesitaban un constante ánimo para seguir adelante. Quizás una página del diario de Pablo lo resuma mejor: "He pasado muchos trabajos y fatigas, muchas veces me he quedado sin dormir, he sufrido hambre y sed. Muchas veces me he quedado en ayunas y he sufrido frío y desnudez" (2 Corintios 11:27).

En todo esto, los creyentes antiguos simplemente obedecían a su Salvador, quien dijo: "Si alguien quiere ser mi discípulo, que se niegue a sí mismo, tome su cruz cada día y me siga" (Lucas 9:23). Su respuesta piadosa al sufrimiento nos sirve de ejemplo (ver 1 Corintios 10:11). Oh, amigo, mira a los santos de antaño y sé inspirado. Sigue sus demostraciones de valentía. Reflexiona en sus vidas cuando enfrentes tus propias dificultades. Sé valiente y ten coraje, porque, como ellos, "si sufrimos, también reinaremos con [Jesús]" (2 Timoteo 2:12 RVR60).

Medita: "Pues estoy convencido de que ni la muerte ni la vida, ni los ángeles ni los demonios, ni lo presente ni lo por venir, ni los poderes, ni lo alto ni lo profundo, ni cosa alguna en toda la creación, podrá apartarnos del amor que Dios nos ha manifestado en Cristo Jesús nuestro Señor" (Romanos 8:38-39).

105
La vida no es un contrato

Esperaba que, después de los días placenteros que Dios me había concedido, llegara mi turno de dolor y sufrimiento; pero no me inquietaba, pues sabía muy bien que, como no podía hacer nada por mí mismo, Dios no dejaría de darme la fortaleza para soportarlos.

—Hermano Lorenzo, *página* 11

Cuando nos enfrentamos al sufrimiento, es muy fácil apelar a Dios basándonos en nuestro desempeño. Hemos mantenido nuestra conducta recta, hablado cuando otros desprecian a Jesús y nos hemos esforzado en la oración y la lectura de la Biblia. Entonces nos preguntamos por qué Dios no ha sido más "justo" con nosotros, si la propuesta de matrimonio no llega o si las migrañas siguen empeorando. Pero seguir a Jesús no implica una negociación, como si dijéramos: "Yo haré tal cosa y entonces Dios estará obligado a hacer esto o aquello (o algo similar)". Cuando negociamos inconscientemente con Jesús, revelamos una triste incomprensión de lo que significa nacer de nuevo.

La vida cristiana no es un contrato. Es una muerte. Su muerte y la tuya. Cuando le entregué mi vida a Jesús, fue eso: una entrega total. Cedí todo: mis comodidades, seguridades, derechos individuales, deseos y necesidades. Renuncié al control (como si realmente lo tuviera en primer lugar). Entonces, cuando mi dolor no mejora sino que empeora, recuerdo los términos de mi salvación: "He sido crucificado con Cristo y ya no vivo yo, sino que Cristo vive en mí. Lo que ahora vivo en el cuerpo, lo vivo por la fe en el Hijo de Dios, que me amó y dio su vida por mí" (Gálatas 2:20). ¡Oh, el gozo de morir a mí misma —mis deseos y preferencias— para que el Rey Jesús viva su vida llena de alegría y gloria a través de mí!

Medita: No nos debe nada... y aun así nos da todo

106
En la tranquilidad

Los problemas y la inquietud tienden más a distraer
la mente que a recogerla; la voluntad debe traerla de
vuelta en tranquilidad; si perseveras de esta
manera, Dios tendrá piedad de ti.
—Hermano Lorenzo, *página 49*

La Escritura está llena de todo tipo de metáforas sobre la verdad: monedas perdidas, granos de trigo, casas sobre la arena, perlas escondidas, ovejas que se extravían y maná del cielo, por nombrar algunas. Yo he compilado varias metáforas propias y tengo una imaginación vivaz que les da buen uso. Cuando pensamientos inquietos perturban mi mente silbo para llamar a mi "perro pastor", imaginando un *border collie* experto en reunir fantasías errantes como si fueran ovejas desordenadas. Encomiendo a mi perro pastor que lleve esos sentimientos aleatorios hacia mi Salvador y que "[lleve] cautivo todo pensamiento para que obedezca a Cristo" (2 Corintios 10:5).

Mis sentimientos y pensamientos no tienen interés alguno en la Biblia, así que mi voluntad es el *border collie* que los persigue y los obliga a volver al camino de la justicia. Tomo mis pensamientos por el cuello y los empujo hacia las páginas de la Escritura para darles una buena dosis de verdad del evangelio. Le muestro a mis pensamientos ociosos quién es el verdadero dueño de mi alma, porque no puedo permitir que una mente perezosa gobierne sobre mí. Soy como el salmista que ordenó a sus divagaciones insensatas, indicándole a su alma: "Espera en Dios, porque aún he de alabarle, Salvación mía y Dios mío" (Salmo 42:5 RVR60). Practicar la presencia de Jesús es exactamente eso: una práctica. Es un "hacer", una disciplina diaria. Es silbar a ese *border collie* para que lleve cada pensamiento perezoso al pie de la cruz, donde cada tendencia ociosa aprende a someterse.

Medita: Afina tu habilidad para reunir pensamientos errantes.

107
Oraciones sencillas

Debemos actuar con Dios con la mayor sencillez, hablándole de manera franca y directa, e implorando su ayuda en nuestros asuntos, tal como se presenten. Dios nunca dejó de conceder mis oraciones, de una forma u otra, como he experimentado con frecuencia.
—Hermano Lorenzo, página 12

Mi amiga estaba alquilando una habitación en su casa y quería que la ayudara a procesar el contrato de alquiler. Después de diez minutos completando un formulario electrónico, me di cuenta: "¡No hemos orado!". Como solo era un formulario sencillo dudé del impulso del Espíritu: "Dios nos ha dado sentido común para cosas como esta. No perdamos tiempo y sigamos adelante". La mayoría estaría de acuerdo. Los formularios simples no requieren el consejo de Dios, ¿cierto? Pero ¿debería la facilidad ser la medida de si oramos o no?

Como fue el Espíritu quien me inquietó sobre un asunto tan simple, decidí que debía tener buenas razones. Quizás quería que cultivara un estilo de vida de oración para las necesidades rutinarias y cotidianas o que reconociera que nunca hay un momento en el que *no* debamos buscar al Señor.

Prácticamente todas las infidelidades y maldades de Israel se remontan a su fracaso en consultar al Señor y escuchar su Palabra. En tiempos de Oseas, negarse a buscar a Dios incluso en los asuntos más simples, resultó en hambruna, sequía y en el desagrado de Dios. En nuestros días resulta en un alma seca y sin vida. Así que mi amiga y yo hicimos una pausa, nos alejamos de la computadora y nos inclinamos ante Dios para pedir su guía. En ese momento, el Espíritu nos instó a orar sobre a quién debería alquilarse la habitación (algo igual de importante, si no más, que el documento fácil de llenar). Siempre responde a los más pequeños impulsos de Dios respecto a los asuntos más insignificantes. No seas duro de oído cuando Él te llame a orar.

Medita: La oración es para lo sencillo, lo franco y lo simple, y a Dios le deleita nuestra atención.

108
Lleva tu cruz

Dejemos espacio a la gracia; redimamos el tiempo perdido,
pues quizá nos quede poco: la muerte nos sigue de cerca,
estemos bien preparados para ella.
—Hermano Lorenzo, página 40

Mucho después de mi accidente, cuando me acerqué más a Cristo, estas breves palabras de Samuel Rutherford me ayudaron enormemente: "No puedes entrar al cielo en silencio, sin una cruz. Las cruces nos forman a [la] imagen [de Jesús]"[23]. De esto aprendí dos cosas: el camino al cielo se parece mucho al camino al Calvario: en su mayor parte cuesta arriba, lleno de peligros y manchado de sangre. Luego aprendí que, si quiero ser como Jesús, debo llevar una cruz. No puedo tener a Jesús sin una cruz. Pero no es una cruz genérica para todos; es una cruz específica para mí. *Mi cruz*. Está tallada por Dios y es lo bastante pesada como para asegurar que necesitaré su ayuda en cada paso del camino (no sería una cruz si fuera fácil de llevar).

Así que, cuando tomo mi cruz cada día, "muero *a* los pecados *por* los cuales Cristo murió en su cruz"[24]. Muero a las quejas, a los miedos sobre el futuro, a comparar mi suerte con la de otros y a consentir dudas sobre el carácter de Dios. Mi cruz corta y esculpe mi pecado; me hiere y finalmente perfecciona en mí la gloriosa imagen de mi Salvador. Por ello, la presencia de Jesús es mi más querida compañía en el camino al cielo. Amo fijar mis ojos en Él, quien, por el gozo puesto delante de Él, soportó su cruz y se sentó a la derecha del trono de Dios. ¿Y qué pasará cuando por fin llegue a ese trono? Si el Señor lo permite, esos últimos kilómetros serán los más fructíferos y no tendré nada más que hacer que morir con alegría.

Medita: ¿Sientes que tu cruz es demasiado pesada?
Pídele a Dios ayuda para llevarla.

109
Consuelo del sufrimiento

Las peores aflicciones nunca parecen intolerables, excepto cuando las vemos bajo una luz equivocada. Cuando las vemos en la mano de Dios, quien las dispensa, cuando sabemos que es nuestro amoroso Padre quien nos humilla y nos aflige, nuestros sufrimientos pierden su amargura y se convierten incluso en motivo de consuelo.

—Hermano Lorenzo, página 62

La belleza de ser despojados hasta quedar casi en nada es que entonces Dios puede llenarnos de Él mismo. El sufrimiento no nos enseña sobre nosotros mismos como lo haría un libro de texto. Más bien, el sufrimiento es como un chorro de arena que desgasta y destruye la capa superficial de nuestras vidas. Nos despoja de nuestras fachadas penetrando en lugares donde no queremos que llegue, cavando profundo y exponiendo la verdadera materia de la que estamos hechos. A menudo no es algo muy agradable. Aunque el sufrimiento nos deja expuestos y a veces avergonzados, su rol más valioso es vaciarnos de nosotros mismos.

Es nuestro vacío, no nuestra plenitud, lo que Dios busca. Porque cuando el pecado, la autoimportancia y la autosuficiencia son drenados de nuestras almas, podemos estar mejor unidos a Cristo. Si insistimos en conocer el propósito del sufrimiento, es simplemente este: conocer mejor a Jesucristo. Identificarnos con Él en sus aflicciones; obtener una mayor comprensión del precio inimaginable que pagó por nuestra salvación. Es cierto que el sufrimiento hará muchas cosas buenas por nosotros: fortalecerá nuestra fe, nuestro carácter y fomentará la sensibilidad hacia otros que sufren. Pero incluso nuestras peores aflicciones están diseñadas principalmente para acercarnos a Jesús. Tan profundamente como el sufrimiento revela cosas sobre ti, revela aún más sobre el Salvador al que amas. Te llevará a una nueva relación contigo mismo, pero principalmente te llevará a un lugar de confianza, a una nueva relación con Dios.

Medita: Nuestro sufrimiento trata más sobre Jesús que sobre nosotros.

110
Tu todo en todo

Durante mucho tiempo, mi mente se sintió profundamente turbada por la firme creencia de que sería condenado; que ni todos los hombres del mundo juntos podrían haberme convencido de lo contrario. Esta inquietud mental duró cuatro años, durante los cuales sufrí mucho. Desde entonces, he vivido en perfecta libertad y con un gozo continuo. Puse mis pecados entre Dios y yo, como si le dijera que no merecía sus favores; pero Dios continuó otorgándomelos en abundancia.

—Hermano Lorenzo, *páginas* 10-11

Cuando me entregué del todo a Cristo, incluidos mis derechos, mis necesidades, mis pasiones y mis preferencias, comencé un viaje de perderme a mí misma por su causa. Acepté contemplarlo y adorarlo. Prometí crecer en la persona que Jesús diseñó que yo fuera, la persona que Él imaginó mucho antes de poner los cimientos del mundo. Esa persona es una imagen de Él mismo; ¿por qué no desearía ser como Jesús, el santo y justo? Así que me esfuerzo por cambiar, profundizar, caminar con circunspección y obedecer. Pero en todo mi esfuerzo debo preguntarme: ¿Realmente estoy persiguiéndolo a Él y su santidad, o me estoy esforzando por impresionarlo y así ganar su favor? ¿Espero "asombrarlo" con mis disciplinas espirituales y mis hábitos santos? "¡Mírame, Señor! ¿No estás complacido conmigo?".

Es algo que debo vigilar constantemente. Porque a medida que crecemos en Cristo, no siempre experimentaremos la satisfacción de sentirnos más santos. En cambio, cada vez más y con frecuencia tendremos una inquietante conciencia de nuestro pecado. Este es el extraño efecto secundario de la santificación. A medida que vas siendo más como Cristo, te sentirás menos santo, no más santo. Te golpeará tu injusticia, no tu justicia. Que te sientas como un pecador, incluso como el principal de los pecadores, es una buena señal de que estás creciendo a la manera de Dios. Porque cuando caes de bruces y te das cuenta de que Jesús lo es todo, Él se convierte en tu todo en todo.

Medita: ¿Qué significa que Cristo sea tu todo en todo?
¡Ora para que así sea!

Notas

1. Las citas en esta sección están tomadas directamente de la edición en inglés: Brother Lawrence, *The Practice of the Presence of God* [Hermano Lorenzo: *La práctica de la presencia de Dios*] (Londres: J. Masters & Co. 1896), 36, 32, 42-45. 14. 62, 43 (por orden de aparición). Para los detalles históricos en esta sección sobre el Hermano Lorenzo, se han consultado las fuentes siguientes: Brother Lawrence, *The Practice of the Presence of God* (Peabody, Mass.: Hendrickson, 2004); Kathleen Mulhern, "A Medieval Mystic Untimely Born?," *Christian History Institute*, https://christianhistoryinstitute.org/magazine/article/lawrence-a-medieval-mystic-untimely-born; "Brother Lawrence of the Resurrection (1614-1691)," *Boston Carmel*, https://carmelitesofboston.org/history(our-carmelite-saints/brother-lawrence-of-the-resurrection: "Brother Lawrence: Practitioner of God's Presence," *Christianity Today Online*, www.christianitytoday.com/history/people/innertravelers/brother-lawrence.html; Gary Thomas, "Brother Lawrence," *Closer to Christ. Closer to Others.*, https://garythomas.com/resources/free-resources/brother-lawrence.
2. Edward Mote, "My Hope Is Built on Nothing Less," [Mi esperanza no se basa en nada menos], *Hymnary.org*, https//hymnary.org/text/my_hope_is_built_on_nothing_less.
3. Jonathan Edwards, Heaven: *A World of Love* [Un mundo de amor] (Pensacola, Fla.: Chapel Library, 1998), 11.

4. *Book of Common Prayer* [Libro de oración común] (Nueva York: Seabury Press, 1979), 331.
5. "Napoleon Crowned Emperor of France," [Napoleón Coronado Emperador de Francia], *The Cultural Experience*, December 6, 2018, www.theculturalexperience.com/news/napoleon-crowned-emperor-of-france.
6. Alexander MacLaren, "Expositions of Holy Scripture," [Exposiciones de las Sagradas Escrituras], *Bible Hub*, https://biblehub.com/commentaries/maclaren/psalms/34.htm.
7. Charles Spurgeon, "January 9th—Evening Reading," [9 de enero – Lectura vespertina], *Blue Letter Bible*, www.bluleletterbible.org/devotionals.
8. Joni Eareckson Tada, *Songs of Suffering: 25 Hymns and Devotions for Weary Souls* [Cantos de sufrimiento: 25 himnos y devociones para almas cansadas], (Wheaton, Ill.: Crossway, 2022), 102-3.
9. Mary Ann Baker, "Peace! Be Still!" [¡Paz! ¡Permanezcan en quietud!], *Hymnary.org*, https://hymnary.org/text/master_the_tempest_is_raging
10. Thomas Brooks, *The Complete Works of Thomas Brooks* [Obras completas de Thomas Brooks], vol. 5 (Charlottesville: University of Virginia, 1867), 210.
11. Charles Wesley, "And Can It Be That I Should Gain?" [¿Y puede ser que deba ganar?], *hymnal.net*, www.hymnal.net/en/hymn/h/296
12. George D. Watson, *Soul Food* [Alimento para el alma] (Cincinnati: M. W. Knapp, 1896), 39.
13. John Ford, "God's Glory Alone" [Solo la gloria de Dios] (sermon, Church in the Canyon, Calabasas, Calif., 27 de Agosto, 2017).
14. Robert Robinson, "Come, Thou Fount of Every Blessing," [Ven, fuente de toda bendición], *Hymnary.org*, https://hymnary.org/text/come_thou_fount_of_every_blessing.

15. Charles Spurgeon, "4 de marzo—Lectura Matutina", *Blue Letter Bible*, www.blueletterbible.org/devotionals.
16. James Smith, *The Believer's Daily Remembrancer* [El Recordatorio Diario del Creyente] (Cambridge, Mass.: Harvard University, 1864), 341.
17. Tada, *Songs of Suffering* [Canciones del sufrimiento], 18-19.
18. *The New Testament of Our Lord and Savior Jesus Christ* [El Nuevo Testamento de Nuestro Señor y Salvador Jesucristo] (Philadelphia: American Baptist Publication Society, 1865), 398, 1 Timoteo 1:11.
19. Amy Carmichael, *Things as They Are: Mission Work in Southern India* [Las cosas como son: Misión en el sur de la India] (Nueva York: Young People's Missionary Movement, 1906), 158.
20. Richard Baxter, *The Saints' Everlasting Rest* [El descanso eterno de los santos], abr. Tim Cooper (Wheaton, Ill.: Crossway, 2022), 137, 69-70.
21. Charles Spurgeon, "Rare Fruit," *The Spurgeon Center*, www.spurgeon.org/resource-library/sermons/rare-fruit.
22. Kelly Richman-Abdou, "Kintsugi: The Centuries-Old Art of Repairing Broken Pottery with Gold," [Kintsugi: El arte centenario de reparar con oro la cerámica rota], *My Modern Met*, March 5, 2022, https://mymodernmet.com/kintsugi-kintsukuroi.
23. "Quotes by Samuel Rutherford," [Citas de Samuel Rutherford], *Bukrate*, https://bukrate.com/author/samuel-rutherford.
24. Tada, *Songs of Suffering* [Canciones del sufrimiento], 108.

Agradecimientos

No soy una escritora común. Mis manos no pueden presionar las teclas de la computadora, sacar un libro de la estantería o resaltar un párrafo para investigarlo más tarde. Tal vez otros cuadripléjicos se enorgullecen de su independencia, pero yo no soy una de ellos. Yo valoro la interdependencia; me *apoyo* mucho en los demás para recibir ayuda y siempre estoy dando las gracias.

Eso me lleva al propósito de esta página. Les pido que me acompañen mientras derramo gratitud sobre las personas —los queridos amigos— que hicieron posible este libro.

Me encanta cómo se entusiasmó Paul Pastor con la idea de *La práctica de la presencia de Jesús*. Desde el principio, él y su equipo comprendieron la visión para el contenido y el diseño, y no dudaron en trabajar horas extras para hacer que este modesto libro brillara. Mi querido amigo, Andrew Wolgemuth, de Wolgemuth & Associates hace mucho más que representarme como autora. A lo largo de los años, ha sido un trampolín para ideas, un ferviente intercesor y mi persona de referencia para todo lo relacionado con los libros. Gracias, Andrew, por tu paciencia y oraciones.

Ahora, volviendo a las manos que no funcionan: estoy agradecida con mis amigas mecanógrafas que se sientan frente a mí y se esfuerzan por seguir el ritmo de mis palabras. Siempre que Kathren Martinez, Francie Lorey o Lisa Miehl se detenían en el manuscrito para decir: "Eso realmente me habló", sabía que estaba en el camino correcto. Incluso mi esposo, Ken Tada, aportó su granito de arena.

Pero Catherine Cobb hizo más que mecanografiar. Ella trabaja como gerente de comunicaciones en *Joni and Friends*, y también se desempeña como mi editora de copia, asistente de investigación, analista de contratos y especialista en formatos. *La práctica de la presencia de Jesús* seguiría siendo solo una propuesta de libro de no ser por su extraordinaria habilidad y experiencia. También "robé" a Emily Mayfield de nuestro Departamento de Comunicaciones para pulir todo lo que Catherine dejaba en su escritorio. Meredith Hinds trabajó en la parte de John Sloan, investigando, escribiendo y esforzándose por seguir su ritmo; gracias, Meredith.

Sobre todo, estoy en deuda con mi querido amigo y asociado de largo tiempo en la industria editorial, John Sloan. Conocí a este hombre extraordinario en 1983, cuando él trabajaba como editor ejecutivo en Zondervan; yo estaba trabajando en mi tercer libro con la editorial y absorbía todo lo que podía de los expertos. Y John era el experto indiscutible en todo lo relacionado con la publicación, el mercadeo y la escritura. Ha sido mi defensor incansable desde el principio y fue quien tuvo la idea de *La práctica de la presencia de Jesús*. En realidad, su nombre debería estar en una tipografía más grande en la portada, ya que no admiro a nadie más en el mundo de los libros que a John.

Dejando lo mejor para el final, alabo a mi Salvador, Jesucristo, por bendecirme con el gozo de escribir sobre su majestad y su gracia incomparables. Disfruto mucho practicando su presencia y, durante casi cincuenta años, me ha bendecido con innumerables maneras de contarle a los demás sobre Él. Tal vez Él crea que tengo algo que decir, ya que he dependido de Él durante mucho tiempo en mi silla de ruedas. Cualesquiera que sean sus razones, amo escribir sobre Él. Estoy segura de que el Hermano Lorenzo sintió lo mismo. Y así, oro para que cada lector encuentre a Jesús de una manera nueva en este humilde libro.

Sobre el ministerio de Joni

El corazón de Joni Eareckson Tada está con los millones de discapacitados alrededor del mundo. Sus familias viven en pobreza, dolor y desesperación. Por ello, Joni inició *Joni and Friends* en 1979, una organización comprometida con llevar el evangelio y recursos prácticos a dichas personas. Durante décadas, el ministerio ha transformado la comprensión de la discapacidad en la comunidad y en la iglesia.

Joni and Friends logra esto a través de una serie de programas, incluidos retiros familiares, escapadas para matrimonios y escapadas para guerreros. *Wheels for the World* ha entregado más de doscientas mil sillas de ruedas y Biblias. Las *Joni's Houses* son centros en países en desarrollo que sirven a las necesidades espirituales y prácticas de las personas con condiciones discapacitantes. La organización también ofrece pasantías para una nueva generación de jóvenes apasionados por servir a Jesús.

Una discapacidad puede adoptar muchas formas y tamaños. *Joni and Friends* quiere compartir esperanza en tu sufrimiento. Independientemente de cuál sea la limitación, si has sido tocado por las ideas de este libro, si necesitas ayuda o apoyo en oración, háznoslo saber para poder servirte. Contáctanos aquí:

response@joniandfriends.org
joniandfriends.org

Sobre los autores

Joni Eareckson sufrió un accidente de buceo que la dejó cuadripléjica a los diecisiete años. Surgió de la rehabilitación con la determinación de ayudar a otros en situaciones similares. En 1979, fundó *Joni and Friends*, un ministerio comprometido con mostrar el evangelio a las personas que viven con discapacidad. Joni es autora de cuarenta y cinco libros y vive en California con su esposo, Ken.

John Sloan es escritor y editor, y vive en Colorado Springs. Ha sido editor de Joni Eareckson Tada por más de dos décadas. A John le gusta escribir sobre personas de otros siglos y disfruta leerles a sus nietos sobre cualquier época.

Sobre el arte de Joni

Aunque Joni es cuadripléjica, aprendió a dibujar sosteniendo lápices y pinceles entre los dientes. Los dibujos lineales en este volumen fueron realizados durante un período de veinte años. Para más información sobre Joni y su arte, por favor visita joniandfriends.org.

Sobre la tipografía

Este libro fue configurado en Sabon, una tipografía diseñada por el reconocido tipógrafo alemán Jan Tschichold (1902-74). El diseño de Sabon se basa en las formas originales de las letras del diseñador francés del siglo XVI, Claude Garamond, y fue creado específicamente para ser utilizado en tres fuentes: fundición de tipos para composición manual, linotipo y monotipo. Tschichold dio nombre a su tipografía en honor al famoso fundidor de tipos de Frankfurt, Jacques Sabon (aproximadamente 1520-80).